DR. MONIKA ZIMMERMANN

Kinder spielerisch zur Ruhe führen

➤ Die 55 schönsten Stille-Übungen
➤ So wird Ihr Kind ruhig, kreativ und konzentriert

Inhalt

Ein Wort zuvor	5

Kinder brauchen Stille 7

Können Kinder Stille »üben«? 8
Wie Stilleübungen wirken 9
Elemente einer Stilleübung 13
Eine Übungsanleitung in
drei Schritten 16

PRAXIS

Schritt 1:
Übungen für Einsteiger 19

Haltung und Atmung 20

Gut vorbereitet die Stille entdecken 25
Üben: Wann, wo, wie? 25

Erste Übungen 29
Für die Stille frei werden 29
Muskeln bewusst entspannen 29
Haltung und Atem finden 31
Atemspiele 33
Mit Zauberseife waschen 34
Mit Säge und Axt Holz
zerkleinern 35

Glasmusik 37
Reise auf die Trauminsel 37
Reaktionen Ihres Kindes 40

Schritt 2:
Ganze Übungssets 43

Übungsset Erde 45
Erdkontakt spüren 45
Spiel mit dem Kneteball 46
Erde, Sand und Steine 46
Der Zauberstein 47

Übungsset Wasser 48
Ein Waschtag 48
Der Wasserfall 49
Wasser und Eis 49
Schöner Schluss:
ausgiebig kuscheln 50

Übungsset Feuer 51
Feuer ist Leben 51
Ein Vulkanausbruch 52
Das innere Feuer 52
Feuerspiele 53
Tag am Lagerfeuer 54

Übungsset Luft 55
Blättertanz 55
Fühle deinen Atem 56
Seifenblasenspiele 56
Seifenblasenflug 57

Übungsset Wetter 58
Wir spielen Wetter 58
Gewittermassage 59
Das Wetter fühlen 59
Traumreise ins
Regenbogenland 60

Übungsset Baum 61
Wachsen wie ein Baum 61
Unter den Blättern 62

Blattmemory	62
Blattmandala	63
Übungsset Hund	**64**
Hundespaziergang	64
Den Hund säubern	64
Schnüffelmemory	65
Ein Hundetraum	65
Übungsset Bauernhof	**66**
Wie Tiere laufen	66
Ins Heu kuscheln	66
Tiere raten	67
Auf dem Bauernhof	67

Schritt 3: Spiele selbst kombinieren 69

Eigene Übungssets zusammenstellen	**70**
Bewegungsübungen	**71**
Ampelspiele	71
Tücherspiele	72
Balanceakt	72
Große Yoga-Uhr	73
Achter rollen	73
Die Acht malen	74
Goldstaub abklopfen	75
Entspannungsübungen	**76**
Ballmassage	76
Plätzchen backen	77
Besuch im Zoo	78
Wolke einatmen	78
Wahrnehmungsspiele	**80**
Murmelspiele	80
Zeitungsspiele	81
Fußfühlstraße	82
Im Zirkus	83
Spiele mit Kastanien	85
Dinge tasten und malen	86
Geräuschmemory	86
Übungen zum Ausruhen	**87**
Der Sonnenstrahl	87
Reise ins Indianerland	88
Der Ballonflug	89
Zu Besuch bei den Wasserkindern	90
Der Brief	91
Entspannung mit Mandalas	91

Zum Nachschlagen	**94**
Bücher, die weiterhelfen, Musikempfehlungen, Düfte	94
Register	95
Impressum	96

Ein Wort zuvor

Gemeinsam mit ihrem Kind Ruhe bewusst zu genießen und die Seele mal »baumeln zu lassen« – das wünschen sich die meisten Eltern. Dieser Ratgeber stellt Ihnen viele abwechslungsreiche Stilleübungen vor, mit denen Sie sich und Ihrem Kind diesen Wunsch erfüllen können. Die spielerischen Übungen machen Spaß und regen die Fantasie an, sie sind ein Gegengewicht zum hektischen und oft auch belastenden Alltag. Und Ihr Kind lernt dabei außerdem, Stress abzubauen und sich besser zu konzentrieren. Der Ratgeber wendet sich an alle Eltern von Kindern im Kindergarten- und Grundschulalter. Und er begleitet Sie Schritt für Schritt dabei, wenn Sie Ihr Kind zu Ruhe und Entspannung führen möchten.

Im ersten Teil des Buches lernen Sie die Grundlagen von Entspannungsübungen kennen. Sie erfahren, dass die richtige Körperhaltung und die Atmung dabei eine wichtige Rolle spielen – und dass Kinder bei Stilleübungen nicht immer nur »still« sein müssen. Denn sie entspannen sich vor allem, indem sie fühlen, träumen oder sich bewegen. Der Praxisteil des Ratgebers ermutigt Sie dazu, Ihr Kind regelmäßig oder spontan zur Entspannung anzuleiten. Im ersten Schritt machen Sie sich und Ihr Kind in kurzen Übungen mit der Stille vertraut. Viele praktische Hinweise helfen Ihnen, Ihr Kind zum Mitmachen anzuregen. Und schon bald fühlen Sie sich während Ihrer gemeinsamen Entspannung wohl und sicher. Jetzt ist der Zeitpunkt gekommen, an dem Sie Ihrem Kind im zweiten Schritt kompakte Stilleübungssets anbieten können. Ein komplettes Set enthält je eine Bewegungs-, Entspannungs-, Wahrnehmungs- und Ruheübung. So entsteht ein wohltuender Rhythmus aus Aktion und Ruhe, der Ihr Kind nachhaltig entspannt. Schließlich können Sie im dritten Schritt Übungen nach Ihren persönlichen Umständen und den Bedürfnissen Ihres Kindes zusammenstellen.

Die verschiedenen Übungen können Sie entweder einzeln anwenden oder wie im Baukastensystem miteinander kombinieren. So steht Ihnen eine Fülle von kurzen und umfangreicheren Stilleübungen zur Verfügung. Ich wünsche Ihnen viel Freude und entspannende Zeiten mit Ihrem Kind!

Ihre Dr. Monika Zimmermann

Kinder brauchen Stille

Was ist Stille eigentlich? Und warum sollten schon Kinder regelmäßig Stille »üben«? Antworten auf diese und weitere Fragen finden Sie im folgenden Kapitel.
Sie erfahren, wie eine Stilleübung auf Körper, Geist und Seele wirkt und bei welchen Spielen und Übungen Kinder sich besonders gut entspannen können. Sie lernen, dass Sie gemeinsam mit Ihrem Kind Schritt für Schritt Ihre Eltern-Kind-Beziehung bereichern können und wie Sie Ihrem Kind helfen, die stetig wachsenden Anforderungen des Kinder- und Erwachsenenlebens selbstständig und selbstbewusst zu meistern.

Können Kinder Stille »üben«?

Jeder kennt das Bedürfnis: einmal im Alltagsgetriebe innezuhalten und sich zu besinnen. Doch für Ruhe und Muße bleibt immer seltener Zeit. Und wohltuende Stille entsteht nicht, indem Sie sich und Ihr Kind zur Ruhe »zwingen«, sondern durch die innere Bereitschaft, Stille zuzulassen. Diese Haltung ist erlernbar. Gezielte Stilleübungen können dabei helfen. Diese Übungen lenken die Aufmerksamkeit Ihres Kindes weg von seinen Gedanken an gestern oder morgen, weg vom Computerspiel oder dem Fernsehfilm – und hin zu sich selbst. Ihr Kind findet wieder Zugang zu seiner Wahrnehmung, Fantasie, Kreativität und zu seinem Körper. Die Übungen helfen ihm, den Augenblick ganz bewusst zu erleben. Ob Traumreisen, Streichelspiele, Bewegungs-, Fühl- oder Riechübungen: Sie alle fördern in unterschiedlicher Weise die Konzentration und Aufmerksamkeit Ihres Kindes. Nach und nach erlebt es die dabei entstehende Ruhe als etwas Angenehmes und Erholsames.

Bewusst wahrnehmen, intensiv erleben

Warum Kinder Stille brauchen

Auch Sie haben sicher schon einmal erlebt, wie versunken ein kleines Kind ein Gänseblümchen bestaunt: Welche Aufmerksamkeit und Hingabe! Es ist anscheinend ohne jedes Zeitgefühl ganz in die Betrachtung der Blume vertieft. Nichts kann es aus der Ruhe bringen. Ein Kind ist auch mit all seinen Sinnen dabei, wenn es auf dem Spielplatz einen Kuchen backt oder wieder und wieder den Sand durch seine Finger rieseln lässt. Es ist ganz eins mit seinem Tun. Sein entspannter Gesichtsausdruck lässt seine Freude und Begeisterung erahnen.
Die kindliche Fähigkeit, ganz in Harmonie mit sich und dem Augenblick zu sein, wird im Laufe der Zeit durch die natürliche Entwicklung seines Geistes überlagert: Das Kind beschäftigt sich immer intensiver mit seinen Gedanken. Es verbringt viele Stunden in der Schule und trainiert dabei vor allem seinen Verstand. Es lernt zu planen oder hängt Erinnerungen nach. Solche Gedanken schieben sich zwischen das Kind und das, was im Moment gerade passiert. Damit verblasst auch die Freude am ungetrübten kindlichen Erleben. Außerdem müssen sich Kinder heute vielen Anforderungen stellen: Schule, Auseinanderset-

Ganz entspannt im Hier und Jetzt

Wie Stilleübungen wirken

> **WICHTIG**
>
> ### So reagiert der Körper auf Stress
> Verschiedene Ursachen können im Körper Stress auslösen. Das Hormon Adrenalin wird ausgeschüttet und ruft biologische Reaktionen hervor, die unseren Vorfahren halfen, sämtliche körperliche Reserven für die Verteidigung oder die Flucht zu aktivieren. Der Körper wird also auf eine Höchstleistung vorbereitet:
> - Puls und Herzschlag werden beschleunigt.
> - Der Blutdruck erhöht sich.
> - Der Sauerstoffbedarf des Körpers steigt.
> - Die Atmung wird schnell und flach.

zungen mit Freunden oder Eltern, Fernsehen oder Computer, aber auch Lärm und Hektik sind Faktoren, die Stress auslösen können. Dauert der Druck zu lange an, verlernt der Körper sich zu entspannen. Außerdem blockiert Stress Unbeschwertheit und ganzheitliche Wahrnehmung. Allmählich vergisst ein Kind dann, wie sich ein Moment ungeteilter Aufmerksamkeit »anfühlt«.

Pausen sind nötig – und schön

Wie Stilleübungen wirken

Sie können die Entwicklung Ihres Kindes fördern, indem Sie ihm helfen, den Augenblick wieder bewusst zu genießen – am besten gemeinsam mit Ihnen. Ihr Kind lernt, dass es nicht unentwegt beschäftigt und unterhalten werden muss, und beginnt, Ruhe als etwas Wohltuendes und Heilsames zu empfinden. Je früher Sie beginnen, mit Ihrem Kind Stille und Aufmerksamkeit zu üben, desto selbstverständlicher wird es. Stille gehört dann zum Alltag wie das Zähneputzen oder Mittagessen. Bei den Stilleübungen finden Sie mit Ihrem Kind Zeit zum Kuscheln, gemeinsamen Ausruhen und Träumen. Sie erleben intensive Nähe zu Ihrem Kind, die sonst oft im Alltagsstress untergeht.

Durch den engen Körperkontakt bei einigen Übungen lernt Ihr Kind, seinen ganzen Körper bewusst zu spüren. Neben der körperlichen Nähe entsteht auch eine enge seelische Verbundenheit durch die gemeinsame Freude am Augenblick. Fünf Minuten solcher wirklicher Nähe geben Ihrem Kind und Ihnen mehr als fünf Stunden gemeinsames Fernsehen.

Nähe und Stille gemeinsam genießen

Machen Sie Ihr Kind stark

Die Stilleübungen stärken das Bewusstsein Ihres Kindes für sich selbst. In Krisensituationen – etwa in der Pubertät – kann es auf erlernte Entspannungsmethoden zurückgreifen. Ihr Kind findet sein inneres Gleichgewicht leichter wieder und kann sich selbst helfen, wenn es sich angespannt oder überfordert fühlt. Das ist auch eine gute Grundlage, selbstbewusst und psychisch unabhängig zu sein. Ihr Kind lernt, den eigenen Gefühlen zu vertrauen, und ist weniger von der Meinung anderer abhängig.

Selbstbewusstsein stärken

Gut für Körper und Seele

Während einer Stilleübung entspannen sich Körper und Geist. Das wirkt Stresssymptomen (siehe Kasten Seite 9) entgegen. Medizinische Untersuchungen haben gezeigt, dass der Sauerstoffbedarf des Körpers beim Entspannen sinkt. Das bewirkt unter anderem, dass die Atmung ruhiger und tiefer wird und sich Herzschlag und Puls verlangsamen. Wenn das Kind körperlich zur Ruhe kommt, kann auch sein Geist entspannen. In dieser Ruhephase baut die Seele Stress ab. Sie können dem Kind also mit Stilleübungen helfen, Ängste abzubauen (siehe auch Seite 9). Im entspannten Zustand wirken aktuelle Belastungen und Ängste auf Ihr Kind nicht mehr so bedrohlich. Ihr Kind fühlt sich sicherer, es begegnet den Alltagsanforderungen gelassener.

Sobald alte Ängste nicht mehr wirken, lösen sich Denk- und Wahrnehmungsblockaden auf, das Kind wird innerlich frei. So gelingt es ihm wieder, sich besser zu konzentrieren, das Lernen fällt leichter und macht mehr Spaß. Wenn es entspannt ist, spürt ein Kind auch seine Bedürfnisse besser. Leise Töne und Stimmungen treten an die Oberfläche seines Bewusstseins. Das Kind achtet mehr auf seine innere Stimme. Es kann seine Kreativität und Fantasie entfalten und lernt, der eigenen Wahrnehmung zu vertrauen.

Genießen Sie auch, dass Ihr Kind Sie mit Streicheleinheiten verwöhnen möchte.

Stilleübungen, die Kindern gefallen

Kurze Übungen, die Bewegung und Nähe bieten

Die Stilleübungen dieses Ratgebers sind speziell auf die Bedürfnisse von Kindern von etwa 4 bis 12 Jahren abgestimmt.

● Alle Übungen sind kurz: Sie dauern nur jeweils 5 bis 10 Minuten. Damit werden sie auch der Konzentrationsfähigkeit jüngerer Kinder gerecht. Jede einzelne Übung ist in sich geschlossen. Wie in einem Baukasten können Sie alle miteinander kombinieren. Wenn Sie und Ihr Kind bereits einige Erfahrungen mit Stilleübungen haben oder Ihr Kind schon älter ist, können Sie die Übungsfolge je nach Bedarf erweitern.

● Kinder wollen sich bewegen. Deshalb finden Sie in diesem Buch Bewegungsübungen, die gleichzeitig entspannen. Während der Übungen nimmt Ihr Kind seinen Körper und den Atem bewusst wahr. Es reckt und streckt sich, es dreht sich im Kreis oder tollt herum wie ein junger Hund. Dabei baut es spielerisch Stress ab. Nach dem »Austoben« lässt Ihr Kind sich bestimmt gern auf Entspannung und Ruhe ein.

● Die Übungen knüpfen an Erfahrungen des Kindes an. In Wahrnehmungsübungen spürt es ganz bewusst die Elemente Erde, Feuer, Wasser und Luft. Es riecht, fühlt und schmeckt die Natur, die es umgibt. Traumreisen führen auf eine Wiese oder zu einem Baum. In Atemspielen fühlt es seinen eigenen Atem. Sinnlich wahrgenommene Materialien geben dem Kind spielerisch Impulse, sich selbst immer wieder bewusst wahrzunehmen, und schärfen seine Sinne. Ihr Kind öffnet sich der Vielfalt seiner Empfindungen und lernt, ihnen zu vertrauen.

Alle Sinne ansprechen

● Kinder brauchen körperliche Nähe. Bei Stilleübungen gibt es immer wieder die Gelegenheit zu Körperkontakt, zum Kuscheln und Streicheln. Tauschen Sie in den Partnerübungen ruhig mal die Rollen: Ihr Kind möchte Sie bestimmt auch gern einmal massieren oder Sie mit verbundenen Augen führen.

So finden Sie die richtige Übung für sich und Ihr Kind

Voraussetzungen der Eltern

Um mit Ihren Kindern die Stilleübungen in diesem Ratgeber auszuprobieren, brauchen Sie keine spezielle pädagogische Vorbildung. Die wichtigste Voraussetzung, die Sie mitbringen sollten, ist die persönliche Freude an ruhigen Erlebnissen – allein und gemeinsam mit Ihrem Kind. Wenn Ihnen innere Ruhe und Besinnung wichtig sind, erhalten Sie in diesem Ratgeber viele praktische Anregungen, wie Sie Ihren Kindern diese Werte vermitteln können. Vielleicht haben Sie auch das Be-

Können Kinder Stille »üben«?

> **TIPP!**
>
> ### Ob 4 oder 12 Jahre alt: Stilleübungen für jedes Kind
>
> Die Stilleübungen sind sprachlich auf Kinder im Kindergarten- und Grundschulalter abgestimmt. Sind Ihre Kinder älter, passen Sie die vorgeschlagenen Übungen an: Halten Sie sich beim »Ausschmücken« einer Traumreise zurück, erzählen Sie realistischer, weniger märchenhaft. Fordern Sie Ihr Kind in den Bewegungsspielen mehr zu körperlichen Leistungen heraus. Verlängern Sie die Ruhephasen innerhalb der Entspannungsübungen um einige Minuten.
> Sind Ihre Kinder jünger als 4 Jahre, können sie sich oft noch nicht so lange konzentrieren, um sich über einen längeren Zeitraum anleiten zu lassen. Beschränken Sie sich bei Kindern dieser Altersstufe deshalb besser auf einzelne Übungen. Spielen Sie zum Beispiel eine Bewegungsübung oder erzählen Sie eine Traumreise. Anschließend darf Ihr Kind in Mamas oder Papas Armen kuscheln.

Die Stilleübungen altersgerecht variieren

dürfnis nach intensiverem Kontakt zu Ihrem Kind, da der im Alltag hin und wieder etwas verloren geht. Nehmen Sie sich dann auch bewusst immer wieder Zeit für Gemeinsamkeit. Bleiben Sie mit Ihren Gedanken und Ihrer Aufmerksamkeit ganz bei der Übung. Sie eröffnen sich und Ihrem Kind damit einen Raum für schöne gemeinsame Erfahrungen.
Die Entspannungsspiele und Übungen in diesem Ratgeber sind für Eltern mit einem oder mehreren Kindern entworfen. Gönnen Sie sich zu Hause mit der gesamten Familie Zeit, gemeinsam Stille zu erleben. Manche Übungen machen noch mehr Spaß, wenn mehrere Kinder mitmachen. Laden Sie doch auch einmal Freunde Ihres Kindes ein. Oder bereichern Sie einen Kindergeburtstag durch Stilleübungen: So ermöglichen Sie den Kindern gemeinsame Erlebnisse, ohne dass sie miteinander konkurrieren müssen.

Verhaltensauffällige und hyperaktive Kinder

Auch Kinder mit Kontakt-, Konzentrations- oder motorischen Störungen mögen oft Stilleübungen. Probieren Sie selbst aus, ob Sie Ihr Kind eher mit einem Bewegungsspiel, einer Fühlübung oder einer Körpermassage »locken« können. Stilleübungen können zwar eine therapeutische Behandlung nicht ersetzen, sie unterstützen sie aber optimal, denn Stille tut immer gut!

Kleine Unruhegeister zur Stille führen

Unruhige oder hyperaktive Kinder können ebenfalls Stille üben. Meist malen diese Kinder sehr gern Mandalas aus (siehe Seite 91 ff.) oder träumen bei einer Fantasiereise. Außerdem ist für hyperaktive Kinder Körperarbeit sehr wichtig. Die Kinder lernen bei Massagen oder durch Entspannung nach Jacobson (siehe Seite 29 ff.), ihren Körper besser wahrzunehmen. Die meisten hyperaktiven Kinder atmen zu schnell und zu flach. Sie sind ständig unter Stress. Atemspiele helfen ihnen, tiefer und langsamer zu atmen und so zu entspannen (siehe Seite 23 f.).

Viele Wege führen zur Stille

Elemente einer Stilleübung

In diesem Buch finden Sie kindgerechte Stilleübungen, bei denen sich Ihr Kind – nach einer Einstimmung auf das Übungsthema – entweder bewegen oder entspannen kann, bewusst wahrnehmen und sich schließlich auch ausruhen kann. Jeder Übungsbereich fördert auf seine Art die Harmonie zwischen Körper und Geist. Sie können so Ihr Kind immer wieder neu zur Stille anregen.

Austoben und zur Ruhe kommen – Bewegungsübungen

Stress und Ärger »austoben«

Stress kann durch körperliche Betätigung abgebaut werden. Zum Beispiel bei Streck- und Dehnungsübungen, die dem Yoga entlehnt wurden. Diese bewirken, dass angesammelte Stresshormone aus den Muskeln abtransportiert werden. Gleichzeitig richtet sich die Wirbelsäule auf, die Atmung wird tiefer. Verschiedene Bewegungsspiele stimmen Bewegung und Achtsamkeit aufeinander ab. So geben Sie Ihrem Kind im Ampelspiel oder beim Fantasiespaziergang Impulse, auf die es achten und entsprechend reagieren soll. Solche Übungen entsprechen dem kindlichen Bedürfnis nach Bewegung und fördern Konzentration, Fantasie und Aufmerksamkeit. Ihr Kind spürt dabei seine eigene Mitte. Ein Tipp: Mit Musik machen diese Übungen noch mehr Spaß. Empfehlungen dazu finden Sie im Anhang auf Seite 94.

Entspannungsübungen: ganz im Hier und Jetzt

Ihr Kind liegt während einer Entspannungsübung auf dem Boden. Seine Augen sind geschlossen. Allein schon durch diese Haltung wird die Gehirnaktivität verringert. Ihr Kind kommt äußerlich und innerlich

Auf den Augenblick konzentriert üben

Die Stille unterstützen zur Ruhe. Sehr schnell entspannt es sich, wenn es seinen Atem bewusst wahrnimmt. Mit der Zeit lernt es, seinen Atemrhythmus zu beeinflussen und sich darüber selbst in einen Entspannungszustand zu führen (siehe Seite 23 f.). Ruhebilder bauen dabei zusätzlich eine harmonische und ruhige Atmosphäre auf. In dieser kann sich Ihr Kind fallen lassen und entspannen. In den Übungen »Waschlappen ausdrücken« (Seite 30) oder »Knete drücken« (Seite 46) lernen die Kinder das Gefühl für körperliche Anspannung besser kennen. Anschließend entspannen sie ihre Muskeln ganz bewusst wieder (Körperentspannung nach aktiver Anspannung; siehe auch Seite 29 ff.).

Auch liebevolle körperliche Berührung baut Spannungen ab. Das Kind genießt in einer Ruhehaltung die entspannenden Streichelspiele. Es wendet seine Aufmerksamkeit nach innen. Ihr Kind lernt in den Entspannungsübungen, sich über den Körper auch seelisch zu entspannen und diesen Zustand zu genießen. Dadurch lösen sich Blockaden, und das Kind kann vernachlässigte Persönlichkeitsbereiche wahrnehmen.

Stress einfach wegstreicheln

Wahrnehmungsübungen – mit allen Sinnen spüren

Nach der körperlichen und seelischen Entspannung ist Ihr Kind offen für Spiele, die alle seine Sinne ansprechen. In den Wahrnehmungsübungen beschäftigt sich Ihr Kind mit einem Gegenstand wie Sand oder Watte, ohne dabei zu sprechen (siehe Kasten unten). Dadurch wird seine Aufmerksamkeit über das Material immer wieder in die Gegenwart geführt. In unserer Umwelt werden die meisten Sinnesreize über das Sehen aufgenommen. Die übrigen Sinne Tasten, Riechen, Hören und Schmecken werden oft vernachlässigt. Mit Hilfe

> **WICHTIG**
>
> ### Spielen ohne Worte?
>
> Das Kind konzentriert sich während der Stilleübungen auf eine einzelne Wahrnehmung oder Bewegung. Dabei sollte es möglichst nicht sprechen. Sonst würde es sich nämlich darauf konzentrieren, wie es sich mitteilen will und welche Reaktion beim anderen damit hervorgerufen wird. Die Aufmerksamkeit des Kindes wäre dann geteilt. Im Spielen ohne Worte dagegen nimmt Ihr Kind seine eigenen Impulse und Empfindungen ungeteilt wahr. Es ist ganz bei sich.

der Wahrnehmungsübungen in diesem Ratgeber lernt Ihr Kind die Vielfalt seiner Sinnesqualitäten mit all ihren Eigenschaften genauer kennen. Kleine Dinge der Natur bekommen eine völlig neue Bedeutung. Ihr Kind beginnt, mit all seinen Sinnen zu staunen. Damit werden die Voraussetzungen für das ganzheitliche Wahrnehmen und Lernen geschaffen (siehe auch Literaturempfehlungen Seite 94).

Übungen zum Ausruhen: ein schöner Abschluss

Übungen zum Ausruhen und Entspannen schließen eine erlebnisreiche Stilleübung ab. Sie führen die kindliche Aufmerksamkeit von der spielerischen Auseinandersetzung mit einem Material wieder nach innen, zur eigenen Mitte. Das unterstützen Sie zum Beispiel, wenn Sie eine Traumreise vorlesen. Anschließend malen die meisten Kinder gern ihr wichtigstes Bild zu diesem Traum. Wenn Sie nach einer solchen »Reise« mit Ihrem Kind über seine Erlebnisse sprechen, eröffnen Sie sich einen neuen Zugang zu seinen Gedanken und Gefühlen.

Mit Bildern oder Worten Gefühle zeigen

Haben Sie einmal weniger Zeit, nehmen Sie Ihr Kind einfach zum Kuscheln in den Arm. Ihr Kind liegt dabei ruhig an Sie geschmiegt und lässt seine Erlebnisse nachklingen. Es spürt seinen Atem. Auch eine ruhige Tätigkeit wie die Beschäftigung mit einem Mandala zentriert.

Zuneigung und Geborgenheit werden durch gemeinsame Stilleübungen gestärkt.

Eine Übungsanleitung in drei Schritten

Ein Set aus vier Übungsbereichen

Ich habe in meiner langjährigen Arbeit mit Kindern ein Übungsprogramm entwickelt, das vier Bereiche enthält: Bewegen, Entspannen, Wahrnehmen und Ausruhen. Diese tief greifende Entspannungsmethode für Kinder hat sich in der Praxis vielfach bewährt. Sie wurde erstmals in meinem Buch »Träumen – Fühlen – Atmen« für Lehrer und Erzieher vorgestellt (siehe Literaturempfehlungen Seite 94).
Die meisten Eltern haben noch keine Erfahrungen mit Stilleübungen gesammelt. Wenn Sie beginnen wollen, werden Sie sich deshalb wahrscheinlich fragen: Wie finde ich einen Anfang? Wann sollten wir üben? Was kann ich tun, wenn mein Kind zu aufgewühlt oder gestresst ist? Dieser Ratgeber leitet Sie in drei Schritten dazu an, wie Sie Stille mit Ihrem Kind üben können, und Sie erfahren jeweils, was Sie bei der Durchführung beachten sollten. Mit der Zeit werden Sie immer sicherer und lernen, Ihr Kind mit Leichtigkeit und Freude zur Ruhe anzuleiten.

Schritt eins: kurze Übungen für Einsteiger

In Schritt eins (ab Seite 20) finden Sie erste kurze Übungen. Sie lernen in kleinen Einheiten gemeinsam mit Ihrem Kind die Grundzüge von Stilleübungen kennen und spüren, wie sie wirken. Allmählich werden Sie und Ihr Kind vertrauter im Umgang miteinander, wenn Sie mal stiller als gewohnt sind. Sie bekommen auch Tipps, wie Sie Ihr Kind zum Mitmachen motivieren können. Haben Sie durch diese Kennenlernübungen Ihren persönlichen Stil gefunden, wird sicher bei Ihnen und Ihrem Kind schnell das Bedürfnis nach »mehr« geweckt.

Übungen zum Kennenlernen

Schritt zwei: komplette Übungssets

Übungsfolgen mit einem Thema

In Schritt zwei (ab Seite 44) werden Ihnen komplette Stilleübungssets angeboten. Jedes Set enthält vier unterschiedliche Übungsarten mit abwechselnden Ruhe- und Aktionsspielen: jeweils eine Bewegungs-, eine Entspannungs-, eine Wahrnehmungsübung und eine zum Ausruhen (siehe auch Kasten rechts). Ein gemeinsames Thema verbindet diese vier Übungen inhaltlich miteinander. Das ist sozusagen der »rote Faden«, der Ihrem Kind dabei hilft, konzentriert und aufmerksam zu bleiben. Die Themen knüpfen an Erfahrungen der Kinder an – das schult ihre Aufmerksamkeit für ihr natürliches Lebensumfeld.

Elemente einer Stilleübung

Stimmen Sie sich und Ihr Kind ein

Jedes Set beginnt mit einer thematischen Einstimmung für Sie als Eltern. Es folgen Anregungen und Vorlesetexte, mit denen Sie Ihr Kind auf das Übungsthema einstimmen. Die reinen Vorlesetexte sind durch eine andere Schrift hervorgehoben. Auch die Anleitungstexte sind so formuliert, dass Sie sie Ihrem Kind direkt vorlesen können.

Schritt drei: Übungen zum individuellen Kombinieren

Sie haben schließlich in Schritt drei (ab Seite 70) die Gelegenheit, selbst Übungsprogramme zusammenzustellen, nachdem Sie in Schritt eins und zwei genügend Erfahrungen mit Stilleübungen gesammelt haben. Sie finden dafür kurze, in sich geschlossene Übungen zum Bewegen, Entspannen, Wahrnehmen und Ausruhen. Aus diesen können Sie entweder schnell einmal eine Übung auswählen oder auch mehrere Übungen wie in einem Baukasten zu einem individuellen Set zusammenstellen. Bewährte Übungen aus Schritt eins oder zwei können Sie so immer wieder einsetzen und mit den Übungen aus Schritt drei neu verknüpfen.

Übungen zum selbstständigen Kombinieren

> **TIPP!**
>
> ## Eine einzelne Übung oder ein komplettes Set?
>
> - **Einzelne Übungen für »zwischendurch«**
> Jede einzelne Übung entspannt Ihr Kind auf ihre spezielle Weise. Eine kurze Übung von 5 bis 10 Minuten lässt sich einfach in den Tagesablauf einfügen. Sie bringt ohne großen Zeitaufwand Ruhe und Kraft in den Alltag. Sie können einzelne Übungen jederzeit nach Ihrem persönlichen Empfinden einsetzen. Ihr Kind lernt, immer wieder einmal innezuhalten, die Augen zu schließen und »umzuschalten«.
> - **Übungssets zum nachhaltigen Entspannen**
> Ein vollständiges Stilleübungsset enthält je eine Übung aus den Bereichen Bewegen (Aktion), Entspannen (Ruhe), Wahrnehmen (Aktion) und Ausruhen (Ruhe). Für ein solches Set benötigen Sie etwa eine halbe Stunde Zeit. Der Wechsel von Anspannung und Entspannung schenkt Ihrem Kind immer wieder aufs Neue die Energie, aufmerksam in der Gegenwart zu bleiben. Dadurch wird das kindliche Interesse gefesselt, ohne zu ermüden. Ihr Kind lässt sich mit einem Übungsset gern auch über einen längeren Zeitraum zum Mitmachen anregen. Es entspannt sich tiefer als bei einer einzelnen Stilleübung.

Schritt 1: Übungen für Einsteiger

Wie mache ich mein Kind neugierig aufs »Stilleüben«? Welche Übungen eignen sich, wenn das Kind unruhig und überreizt ist? Und welche Spiele und Geschichten helfen ihm, wenn es müde und abgespannt ist? Erste Übungen zum Kennenlernen finden Sie im folgenden Kapitel. Sie erfahren auch, wie der Platz aussehen sollte, an dem Sie mit Ihrem Kind Stille genießen und zur Ruhe kommen. Und wie Sie sich und Ihr Kind am besten einstimmen und vorbereiten – auf eine wunderschöne gemeinsame Erfahrung.

Haltung und Atmung: So üben Sie entspannt

Die richtige Haltung und tiefes, ruhiges Atmen sind wichtig, damit Sie und Ihr Kind sich bei den gemeinsamen Stilleübungen optimal entspannen können.

Optimale Haltung

In der Rückenlage kann Ihr Kind besonders gut wahrnehmen und träumen.

Ihr Kind sollte sich beim Üben möglichst am Boden aufhalten. Beim Entspannen liegt es oft auf dem Rücken, es träumt vielleicht bäuchlings eine Fantasiereise oder sitzt auf dem Boden, während es einen Gegenstand befühlt. Der Kontakt Ihres Kindes zum Boden ist wichtig. Es spürt so die Erde unter sich, lässt sich tragen, »erdet« sich. Seine Aufmerksamkeit wandert unwillkürlich vom Kopf zum Körper, vom Denken zum Fühlen. Außerdem findet ein Kind so meist zu einer Haltung, die die Wirbelsäule schont – im Liegen wie im Sitzen. Kleinere Kinder wehren sich oft dagegen, wenn ihnen eine bestimmte Position vorgeschrieben wird. Sie dürfen sich bei der Mama ankuscheln oder wie ein Kätzchen einrollen. Ist Ihr Kind schon älter, geben Sie ihm zu jeder Übung eine Haltung vor.

Bequemlichkeit und festen Halt bietet die stabile Seitenlage.

PRAXIS
Optimale Haltung
21

> **TIPP!**
>
> ### Die körpergerechte Haltung
>
> Probieren Sie die beschriebenen Liege- und Sitzhaltungen erst einmal selbst in Ruhe aus, bevor Sie mit den Stilleübungen beginnen. Spüren Sie die Unterschiede zu den Haltungen, die Sie vielleicht bisher kennen. Achten Sie darauf, dass Sie eine Haltung finden, in der Ihre Wirbelsäule mühelos gerade ist und die Atmung frei in den entspannten Bauchraum fließt. Ihre Erfahrungen können Sie dann Ihrem Kind während der Stilleübungen weitergeben.

Haltungen im Liegen

So entspannt Ihr Kind optimal

Für Entspannungsübungen im Liegen haben sich zwei Haltungen bewährt, die beide die Wirbelsäule schonen: die entspannte Rückenlage und die stabile Seitenlage. In der Rückenlage können Sie an den Fußspitzen erkennen, ob Ihr Kind wirklich entspannt ist: Sie sinken dann nämlich etwas nach außen. Die Beine liegen gestreckt nebeneinander, die Arme körpernah auf dem Boden (Bild Seite 20, links). In der stabilen Seitenlage liegt das Kind auf dem Bauch. Sein Kopf ruht seitlich auf dem Boden, eine Hand liegt unter der Schläfe. Zugleich ist das obere Bein angewinkelt, um den Körper zu stabilisieren (Bild Seite 20, rechts).

Haltungen im Sitzen

Die bekannteste Sitzhaltung auf dem Boden ist der Schneidersitz, bei dem die Beine voreinander gekreuzt liegen (Abbildung unten). Auf Dauer wird diese Haltung jedoch sehr anstrengend. Die Wirbelsäule rundet sich, und das Atmen wird behindert.

Bequeme Positionen zum Verweilen

Wenn man im Schneidersitz auf einem Kissen oder einer zusammengerollten Decke sitzt, liegen die Knie tiefer als das Becken. Dadurch richtet sich die Wirbelsäule automatisch auf. Die Rückenmuskulatur ist in einer leichten Grundspannung, ohne zu verkrampfen. Gleichzeitig berühren die Knie den Boden und stabilisieren die Haltung. Die Beine liegen voreinander oder der vordere Fuß auf dem hinteren Unterschenkel (Bild Seite 22 links). In dieser Haltung fließt der Atem ungehindert in den Bauchraum. Die Lunge

Der Schneidersitz eignet sich eher für kurze Entspannungsspiele.

PRAXIS

Haltung und Atmung: So üben Sie entspannt

Im stabilen Sitz kann Ihr Kind auch längere Zeit mühelos sitzen.

entfaltet sich. Durch das mühelose Zusammenspiel von aufrechter Wirbelsäule und tiefer Bauchatmung kann man auch längere Zeit im stabilen Sitz verharren, ohne zu ermüden.

In der gleichen Haltung befindet sich das Becken, wenn man auf den Fersen und Unterschenkeln sitzt (Bild rechte Seite unten). In diesem so genannten Fersensitz können vor allem kleinere Kinder problemlos sitzen, denn ihre Fußbänder sind sehr dehnbar. Sie strecken ihre Zehen nach hinten, so dass die Fußrücken auf dem Boden aufliegen.

Viele Erwachsenen oder ältere Kinder entlasten ihre Füße lieber durch den Reitersitz (Bild oben rechts). Diese Haltung ähnelt dem Fersensitz, das Körpergewicht wird jedoch von einer zusammengerollten Decke oder einem Kissen abgestützt. Die Oberschenkel liegen rechts und links von der Decke wie die Beine eines Reiters im Pferdesattel.

Sitzen auf dem Stuhl

Fällt es Ihnen oder Ihrem Kind schwer, auf dem Boden zu sitzen, so üben Sie auf einem Stuhl. Rutschen Sie mit den Sitzknochen bis zur Stuhlkante vor. Die Füße stehen auf dem Boden. Die Knie befinden sich deutlich tiefer als das Becken. So bleibt der Rücken aufrecht (Bild Seite 23 oben). Beobachten Sie auch die Haltung Ihres Kindes, wenn es am Schreibtisch sitzt: Ist sein Rücken gerade? Wenn nicht, so verändern

Sitzen wie im Sattel! Der Reitersitz ist bequem und besonders kindgerecht.

PRAXIS

Die richtige Atmung 23

20- bis 25-mal pro Minute, Erwachsene 12- bis 16-mal. Die Anzahl der Atemzüge pro Minute nennt man Atemfrequenz.

Atmung bei Stress

Bei körperlicher Belastung braucht der Körper rasch möglichst viel Sauerstoff. Deshalb atmet man schneller und tiefer. Auch bei seelischem Stress atmet man schneller. Sie können selbst an Ihrer Atemfrequenz erkennen, ob Sie angespannt oder innerlich ruhig sind. Nach einer körperlichen Belastung findet der Körper automatisch zum normalen Atemrhythmus zurück, weil er nun wieder weniger Sauerstoff braucht. Bei anhaltender seelischer Belastung dagegen kann der schnellere Atemrhythmus zum Dauerzustand werden: Die Atmung wird schnell und flach. Durch seelischen Dauerstress verlernt man schließlich, tief durchzuatmen. Die meisten Erwachsenen wissen gar nicht mehr, wie es sich anfühlt, wenn bei der so genannten Bauchatmung der Atem tief in den Bauchraum hineinfließt.

Achten Sie immer wieder darauf, dass Ihr Kind auch im Alltag richtig sitzt. Sie die Beckenposition des Kindes, indem Sie ein kleines Kissen auf seinen Stuhl legen (es gibt auch so genannte Keilkissen als Sitzunterlage zu kaufen).

Die richtige Atmung

Atmen ist ein unwillkürlicher, lebenswichtiger Prozess. Beim Einatmen wird dem Körper Sauerstoff zugeführt. Beim Ausatmen wird mit der verbrauchten Luft das Abfallprodukt Kohlendioxid ausgeschieden. Die Atembewegung spüren Sie besonders gut, wenn Sie die Hände auf Brust und Bauch legen.
Kinder atmen im körperlich und seelisch entspannten Zustand

Der Fersensitz fällt besonders den Kleinsten ganz leicht.

PRAXIS 24

Haltung und Atmung: So üben Sie entspannt

Ganz bewusst atmen

Die Atmung wird bei dauernder Anspannung schnell und flach

Wir atmen unbewusst. Um eine eingeschränkte Atmung gezielt zu verbessern und damit Körper und Seele positiv zu beeinflussen, sollte man sich den Atemvorgang jedoch einmal bewusst machen: Stress beschleunigt die Atmung – langsames Atmen dagegen wirkt beruhigend auf das Nervensystem. Es entspannt Körper und Geist. Wenn Sie also bewusst tief und langsam in den Bauchraum hineinatmen, hilft Ihnen das, zur Ruhe zu kommen.

So lernen Kinder spielerisch richtig atmen

Mit geeigneten Spielen und Übungen wird auch Ihrem Kind sein Atemvorgang bewusst. Es lernt spielerisch seinen Atem als Teil seines Körpers kennen. Es spürt den Unterschied zwischen flachen und tiefen Atemzügen und lernt ruhiges Atmen als heilsame Methode bei Angst und Aufregung kennen.
Sobald Ihr Kind seinen Atem beobachtet, wandert seine Aufmerksamkeit unwillkürlich zum momentanen Geschehen und zu sich selbst. Gedanken an gestern und morgen treten in den Hintergrund und machen der Gegenwart Platz. Deshalb beginne ich Fantasiegeschichten und Traumreisen häufig mit den Worten:

»*Dein Atem strömt ruhig ein und aus … ein und aus. Die Bauchdecke hebt und senkt sich ganz von allein wie die Wellen im Wasser … rauf und runter …*«

Einführender Vorlesetext

Bei Atemspielen wie der Übung »Federatem« (Seite 33) verlängert Ihr Kind spielerisch seine Ausatmungsphase und verlangsamt damit unwillkürlich seinen Atemrhythmus. Das Kind kommt zur Ruhe.

TIPP!

Müdigkeit, Stress, Verspannung? Einfach wegatmen!

▶ Sind Sie müde und abgespannt? Genießen Sie einige tiefe Atemzüge, am besten am weit geöffneten Fenster. Sie versorgen so Ihren Körper mit einer Extraportion Sauerstoff. Ziehen Sie Ihren Atem tief in den Bauchraum hinein. Dabei wölbt sich Ihr Bauch sichtbar heraus. Nach einigen Atemzügen sind Sie sicher erfrischt, fühlen sich wach und lebendig.
▶ Tiefes Atmen im gewohnten Tempo erfrischt Körper und Geist.
▶ Wenn Sie dagegen bewusst langsamer als sonst atmen, entspannen Sie Körper und Geist.

Gut vorbereitet die Stille entdecken

Bevor Sie nun erste Stilleübungen ausprobieren, hier noch einige Tipps, mit denen Sie sich und Ihr Kind äußerlich und innerlich vorbereiten können.

Üben: Wann, wo, wie?

Gestalten Sie den Ort für Ihre gemeinsamen Ruhespiele möglichst einladend.

Wählen Sie den richtigen Moment für Ihre »Stillezeit« ganz nach Ihrem Gefühl. Viele Kinder öffnen sich besonders bereitwillig für die unbekannten Stilleübungen, wenn sie gerade Ruhe brauchen. Beobachten Sie dafür einfach den Tagesrhythmus Ihres Kindes aufmerksam. Abends vor dem Einschlafen hören Kinder gern Geschichten: eine gute Gelegenheit, um eine Traumreise vorzulesen. So gleitet Ihr Kind in einen entspannten Schlaf. Erzählen Sie vielleicht ein anderes Mal die nun schon bekannte Traumreise mittags nach dem Essen. Anschließend kann Ihr Kind sein schönstes Traumbild malen. Auch der Sonntag eignet sich als bewusste »Auszeit« vom Alltag, zum Spielen und Entspannen.

> **TIPP!**
>
> ### Wie oft üben?
>
> Gerade wenn Sie und Ihr Kind erste Erfahrungen mit Ruheübungen sammeln, sollten Sie regelmäßig üben. Egal, für welchen individuellen Zeitpunkt Sie sich entscheiden: Bauen Sie die Stilleübungen fest in Ihren Wochenrhythmus ein. So gewöhnt sich Ihr Kind daran und kann sich von Mal zu Mal mehr auf die wohltuende Ruhe einlassen.

Ganz individuelle Rituale schaffen

Ein Kind oder mehrere?

Haben Sie mehrere Kinder, so probieren Sie aus, ob alle Lust haben, gemeinsam Stille zu üben.

Gut vorbereitet die Stille entdecken

Das Alter der Kinder berücksichtigen

Gerade viele Wahrnehmungsspiele machen in größerer Runde sogar mehr Spaß, und manche Kinder sind dann auch besonders motiviert. Laden Sie doch auch mal Freunde oder Nachbarskinder zum Mitmachen ein! Ist eines der Kinder jünger als 4 Jahre, gönnen Sie ihm während der Übungen engen Körperkontakt. Vielleicht fühlen sich ältere Kinder durch die kleineren abgelenkt. Dann üben Sie besser, wenn die Kleinen gerade schlafen oder im Kindergarten sind. Viele Familien haben ein Kind. Auch Eltern mit mehreren Kindern möchten die Stilleübungen vielleicht zunächst nur mit einem Kind ausprobieren. Deshalb wird in diesem Ratgeber stets von einem Kind gesprochen.

Den Ruheplatz gestalten

Einen Kuschelplatz finden

Richten Sie sich für Ihre »Stillezeiten« einen freien Bereich auf dem Boden gemütlich ein, etwa eine Ecke im Wohnzimmer. Schaffen Sie dort eine angenehme, entspannende Atmosphäre, die zum Verweilen einlädt: Eine Kuscheldecke und einige Kissen als »Entspannungsinsel«, die Sie mit schönen Dingen schmücken: einem bunten Tuch, einer Lampe, Blumen oder einer Duftlampe. Geeignete Düfte finden Sie in der Übersicht im Anhang (Seite 94).

Bequeme Kleidung

Die Kleidung sollte möglichst bequem sein: So können Sie sich ungehindert bewegen und atmen. Am besten üben Sie im Jogginganzug. Tragen Sie warme Socken oder üben Sie barfuß, so können die Füße ungehindert fühlen und sich entspannen.

Fühlzeit für kleine Zehen

Noch schöner mit Musik

Sie können eine Stilleübung mit Musik einleiten, begleiten oder ausklingen lassen. Besonders gut eignen sich ruhige Klassikstücke oder spezielle Entspannungsmusik, die der klassischen Barockmusik nachempfunden ist. Viele Kinder mögen auch Naturgeräusche wie Vogelgezwitscher oder Wellenrauschen (Musikempfehlungen im Anhang Seite 94).

> **TIPP!**
>
> ### Auch mal auf die Schnelle …
>
> Bauen Sie ruhig neben den regelmäßigen Stillezeiten immer mal wieder Übungselemente in Ihren Alltag ein. So lernen Kinder, dass Verschnaufpausen selbstverständlicher Ausgleich zum hektischen Tagesgeschehen sein können. Für diese spontanen Ruhespiele müssen Sie auch keine großen Vorbereitungen treffen: Einfach den Gürtel lockern, die Schuhe ausziehen und los geht's!

PRAXIS
Ein Anfangsritual
27

Zubehör

Legen Sie das nötige Material – etwa Zeichenpapier und Stifte – bereit. Suchen Sie sich eine Musik aus, die Ihrem Gefühl nach gerade passt. Wenn Sie alles für die Übung in Reichweite haben, können Sie die Ruhephase ungestört genießen.

Sich innerlich frei machen

Persönliche Kurzentstressung

Nehmen Sie sich äußerlich und innerlich Zeit für sich und Ihr Kind. Versuchen Sie, sich ohne Termindruck und Störungen auf die »Ruhezeit« einzulassen. Vielleicht fühlen Sie sich beim ersten Mal angespannt und unsicher. Nehmen Sie dieses Gefühl an: Selbst Stille zu erfahren und sie Kindern zugänglich zu machen, das ist erlernbar. Je mehr Erfahrungen Sie auf diesem Gebiet haben, umso sicherer werden Sie sich fühlen. Atmen Sie einige Male tief aus und ein. Betonen Sie dabei die Ausatmung. Das entspannt und entstresst Körper und Seele (siehe auch Kasten Seite 24). Schließen Sie dabei die Augen, so schaltet auch der Kopf auf Entspannung um. Strecken und dehnen Sie sich zum Abschluss. Jetzt kann es losgehen.

Ein Anfangsritual

Entwickeln Sie ein Ritual, das Ihr Kind auf eine Stilleübung einstimmt. Das kann ein kurzer auffordernder Satz, eine wiederkehrende Erkennungsmelodie oder eine Handlung ohne Worte sein, die die Aufmerksamkeit Ihres Kindes anregt.

Kindliche Neugier wecken

Läuten Sie die Übungszeit zum Beispiel mit dem Ton eines Triangels oder eines Glockenspiels ein. Bei älteren Kindern genügt es oft auch schon, wenn Sie sich dem Kind schweigend gegenübersetzen. Atmen Sie einige Male tief und ruhig ein und aus. Ihr Kind wird Ihrem Beispiel folgen. Beide sammeln sich und kommen innerlich zur Ruhe.
Kinder sind natürlicherweise neugierig. Sobald Sie die Atmo-

Aufmerksamkeit wecken, Lust auf Entdeckungen machen

> **WICHTIG**
> ### Spielregeln vereinbaren
> Damit Ihr Kind sich während der Übungszeit auf sich selbst konzentrieren kann, braucht es Stille. Erklären Sie das Ihrem Kind vor der ersten Stilleübung. Vereinbaren Sie, dass Ihr Kind während der Spiele schweigt. Später können Sie sich immer wieder auf die gemeinsame Regel berufen.

Gut vorbereitet die Stille entdecken

sphäre des Ruheplatzes verändern, möchte Ihr Kind bestimmt wissen, was dort geschieht. Es kommt von allein und fragt. Die geweckte Neugier können Sie wachhalten, indem Sie einen Gegenstand unter einem Tuch, einer Schüssel oder in einem Säckchen verstecken, der mit der kommenden Stilleübung zu tun hat. Das Kind möchte das Geheimnis lüften. Es darf einmal über den verborgenen Gegenstand – etwa eine Muschel, ein Tannenzapfen oder etwas Watte – streichen. Sofort wird seine Aufmerksamkeit auf den Augenblick gelenkt. Ihr Kind empfindet auch geheimnisvolle Spannung, wenn Sie es mit verbundenen Augen zur Ruheinsel führen. Vielleicht lassen Sie es noch raten, wo es ist und was es erleben könnte.

Interessant: verborgene Kleinigkeiten

Für Kinder klingt »Stilleübung« eher langweilig. Finden Sie eine spannende Bezeichnung, vielleicht »Spiele auf der Ruheinsel«.

So bereiten Sie Ihr Kind vor

»Ich führe dich jetzt zur Kuschelecke. Das ist unsere Ruheinsel. Wir können hier gemeinsam Spiele ausprobieren, träumen, im Traum Abenteuer erleben oder einfach nur ausruhen. Es wird jedes Mal ein wenig anders sein.
Unsere Ruhespiele sind etwas Besonderes, weil wir dabei möglichst wenig reden. So können wir besser fühlen, hören oder träumen. Also bitte: Schließe den Reißverschluss am Mund (pantomimisch den Reißverschluss zwischen den Lippen schließen). Manchmal rede ich ausnahmsweise, weil ich etwas vorlese oder ein Spiel erkläre.«

Vorlesetext zum Einstimmen auf erste Stilleübungen

TIPP!

Worte, die zur Stille führen

Erklären Sie Ihrem Kind, dass die gemeinsame Stilleübung etwas Neues ist, das Spaß macht, spannend ist und ganz anders als bisher gewohnte Spiele sein kann.
So finden Sie einen Anfang mit kleineren Kindern:
»Heute möchte ich etwas besonders Schönes mit dir erleben. Wir haben Zeit zum Spielen und Kuscheln. Komm mit, ich zeig dir deinen Platz. Er ist sehr gemütlich.« Oder:
»Ich habe etwas Schönes aus dem Wald (Park, Garten, Spielplatz) mitgebracht. Noch ist es ein Geheimnis, was es ist. Möchtest du es einmal erfühlen und raten, was es sein könnte?«
So beginnen Sie mit älteren Kindern:
»Ich möchte heute etwas ausprobieren, was uns beiden gut tut. Komm mit, ich habe den Platz für unsere gemeinsame Zeit schon vorbereitet. Sage mir hinterher, wie es dir gefallen hat.«

Erste Übungen:
Der Einstieg in die Stille

Mit den folgenden Übungen von 5 bis 10 Minuten tasten Sie sich mit Ihrem Kind an die Stille heran. Entspannungsübungen und Traumreisen geben Gelegenheit zum Ausruhen. Bei den Bewegungs- und Wahrnehmungsübungen kann Ihr Kind aktiv sein.

Für die Stille frei werden

Eine vorbereitende Übung

Mit dieser Übung schieben Sie und Ihr Kind belastende Gedanken pantomimisch zur Seite. Sie werden innerlich frei, die Stilleübungen mit allen Sinnen zu genießen. Besonders kleine Kinder mögen diesen bildhaften Umgang mit ansonsten nicht fassbaren Gedanken.
Gefällt Ihrem Kind die Übung, so leiten Sie auch weitere Stilleübungen damit ein. Die Übung eignet sich auch dazu, nachts schlechte Träume Ihres Kindes zu verscheuchen.

Ausgangssituation
Sie und Ihr Kind sitzen oder liegen (Haltungen siehe Seite 20 ff.) bequem auf Ihrer Ruheinsel. Sie sprechen, Ihr Kind hört Ihnen zu.

Spielerisch frei werden
»Schließ deine Augen und überlege, ob dich heute etwas geärgert oder traurig gemacht hat. Dann nimm diesen Gedanken und zieh ihn mit beiden Händen aus deinem Kopf heraus (ziehen Sie selbst pantomimisch einige lange Fäden aus Ihrem Kopf). Wenn du alles herausgezogen hast, wickle es zu einem dicken Knäuel. Das schmeißen wir nun aus dem Fenster (Sie stehen auf und »werfen« das Knäuel weg). So, jetzt können wir mit unseren Ruhespielen beginnen.«

Vorlesetext für die Übung »Freiwerden«

So wandeln Sie die Übung ab
▶ Gedanken auf den Boden werfen und mit einem großen Besen aus der Tür kehren
▶ störende Gedanken in die Mitte werfen, gemeinsam eine große Kugel daraus formen und aus dem Raum rollen
▶ Belastendes auf die Handfläche legen und fortpusten

Muskeln bewusst entspannen

Bei dieser Übung spannt Ihr Kind zunächst eine Körperpartie ganz bewusst an. Danach ent-

Übung zum Entspannen

PRAXIS

Erste Übungen: Der Einstieg in die Stille

spannt es diesen Bereich wieder. Es lernt in dieser Entspannungsübung nach Jacobson, wie sich ein angespannter und ein entspannter Körperbereich anfühlt. Nach einiger Zeit ist Ihr Kind ganz allein in der Lage, auch im Alltag Muskelverspannungen aufzuspüren und sich aktiv zu entspannen.

Ausgangssituation
Ihr Kind liegt in Rückenlage (siehe Seite 21) auf der Ruheinsel. Sie sprechen, Ihr Kind hört Ihnen zu.

So lernt Ihr Kind zu entspannen

Vorlesetext zur aktiven Muskelentspannung

»Leg dich auf den Rücken. Spüre den Boden unter dir, spüre die warme, weiche Decke, auf der du liegst. Schließe am besten die Augen. So kannst du dir noch besser vorstellen, was ich dir gleich erzähle: Stell dir vor, du hast in deiner rechten Hand einen nassen Waschlappen. Balle die Hand zur Faust und drücke fest auf den Waschlappen. Du willst das Wasser ganz herauspressen. Spüre die Kraft in deiner Hand. Und nun löse diese Anspannung wieder: Öffne jetzt beim Ausatmen ganz langsam deine Hand. Entspanne die Finger. Vielleicht spürst du ein Kribbeln in der Hand, vielleicht wird sie auch ganz warm. Das ist ein Zeichen dafür, dass sie sich wohl fühlt und ganz entspannt ist. Damit du dieses Gefühl besser kennen lernst, wiederholen wir die Übung noch einmal. Jetzt lege in Gedanken den Waschlappen in die linke Hand und drücke ihn fest aus (Ablauf mit dieser Hand wiederholen). Jetzt lege den Waschlappen in Gedanken zwischen deine Knie und presse das Wasser mit den Beinen aus dem Lappen heraus, so fest es geht. Spüre deine Kraft! Lass wieder los, wenn du das nächste Mal ausatmest (Wiederholung). Jetzt ist der rechte Fuß an der Reihe: Greife den Waschlappen mit den Zehen und halte ihn ganz fest. Spüre die Kraft in deinem Fuß … und nun lass wieder los. Vielleicht fühlst du ein Kribbeln in deinem Fuß (jede Seite 2-mal wiederholen). Zum Schluss halte noch ein wenig die Augen geschlossen und genieße, dass dein Körper ganz entspannt daliegt, nichts tun muss. Du darfst dich ausruhen.«

Einen Waschlappen »auswringen«

Wenn Sie meinen, dass Ihr Kind sich genug ausgeruht hat, nehmen Sie die tiefe Entspannung zurück. So kann es weitere Spiele oder den Alltag wach genießen.

Entspannung zurücknehmen
»Jetzt reck und streck deinen ganzen Körper – so wie morgens beim Aufwachen. Atme ein paarmal tief ein und aus … und du bist frisch und wach für dein nächstes Spiel (die Schularbeiten, den Sport, eine Mahlzeit).«

Entspannt zurück in den Alltag

PRAXIS
Haltung und Atem finden

Das ist wichtig

▶ Kleineren Kindern helfen Sie ihre Ausatmung zu spüren, indem Sie selbst hörbar ausatmen.
▶ Sie können die Entspannung der Hand unterstützen, indem Sie die Faust Ihres Kindes in die Hand nehmen und sie liebevoll streichelnd öffnen.
▶ Bei kleineren Kindern kürzen Sie die Übung: Geben Sie nur zwei oder drei Bereiche an, die angespannt werden sollen.
▶ Je älter Ihr Kind ist, desto mehr Körperbereiche können Sie es an- und entspannen lassen.

Diese Übungen passen gut dazu

▶ Glasmusik (Seite 37)
▶ Trauminsel (Seite 37 f.)

Haltung und Atem finden

Übung zum Entspannen

Eine aufrechte Haltung ist beim Üben besonders wichtig. Ihr Kind lernt so, seine Wirbelsäule zu schonen und richtig zu atmen. Zeigen Sie Ihrem Kind spielerisch den Unterschied zwischen dem Schneidersitz und dem stabilen Sitz (siehe Seite 21 f.). Da bei Kindern die Muskeln und Bänder noch sehr dehnbar sind, wird Ihrem Kind der stabile Sitz leichter fallen als Ihnen. Es wird sich bestimmt freuen, wenn es Ihnen etwas vormachen kann.

Außerdem spielt bei den Stilleübungen die Atmung eine wichtige Rolle (siehe auch Seite 23 f.). Deshalb finden Sie auch eine Übung, mit der Ihr Kind spielerisch seinen natürlichen Atemrhythmus kennen lernt. Mit der Zeit kann Ihr Kind seine Atmung bewusst lenken und so gezielt Geist und Körper beruhigen.

Ausgangssituation

Ihr Kind sitzt bequem auf der Ruheinsel. Sie erzählen:

Die optimale Haltung finden

»Ich möchte dir heute zeigen, wie du bei unseren Ruhespielen bequem sitzen kannst. Setz dich auf den Boden und kreuze die Beine (machen Sie mit). Das ist der Schneidersitz. Spürst du den Boden unter dir? Nun bleib eine Weile so sitzen. Ist das bequem für dich? Schau mal, ich kann nicht lange so sitzen. Ich sacke richtig in mich zusammen. Mein Rücken wird von ganz allein krumm. Ich kann gar nicht mehr richtig atmen. Nun zeig ich dir einen Trick, mit dem wir gerade sitzen können, ohne uns anzustrengen. Nimm mal das rechte Bein und lege den Fuß vor oder auf den linken Unterschenkel. Dadurch wird der Sitz stabiler. Deshalb heißt er auch so: stabiler Sitz. Wenn du magst, probier einfach, ob es mit einem Kissen unter dem Po bequemer für dich ist.«

Der Vorlesetext hilft, die richtige Haltung zu finden

PRAXIS

Erste Übungen: Der Einstieg in die Stille

Ist Ihr Kind experimentierfreudig, dann probieren Sie mit ihm auch den Fersen- und Reitersitz aus (siehe Seite 22). Lassen Sie Ihr Kind selbst entscheiden, welche Sitzhaltung ihm am angenehmsten ist.

Vorlesetext zum Wahrnehmen der Wirbelsäule

Die Wirbelsäule kennen lernen
»Fühle mal, ob deine Wirbelsäule nun gerade ist. Du kannst auch meine Wirbelsäule ertasten. Spürst du die kleinen Knubbel? Das sind die einzelnen Wirbel – wie Zähnchen an einem Reißverschluss. Jetzt fahre ich mit den Fingern an deiner Wirbelsäule entlang und mach deinen Reißverschluss zu … wieder auf … und zu.«

Vorlesetext zum Erspüren des Atems

So findet Ihr Kind seinen Atem
»Schließe nun deine Augen. So kannst du dich selbst besser fühlen. Leg deine Hände auf den Bauch. Spürst du, wie er dicker und wieder dünner wird? Wie ein Luftballon, der aufgepustet wird und wieder zusammenschrumpft. Du selbst pustest deinen Luftballonbauch auf! Beim Einatmen füllt sich deine Lunge mit Luft und drückt den Luftballon heraus. Beim Ausatmen strömt die Luft wieder aus der Lunge heraus, und dein Bauch wird dünn. Das Auf und Ab der Atmung kannst du auch fühlen, wenn du die Hände seitlich an die Rippen legst. Beim Einatmen wird der Brustkorb ganz weit, beim Ausatmen wird er wieder kleiner … Fühle mal, wo du an meinem Körper eine Atembewegung spüren kannst! Zum Schluss setzen wir uns Rücken an Rücken hin. Unsere Pos berühren sich dabei. Fühle mal, was du mit deinem Rücken spürst. Sind es meine oder deine Atembewegungen? Jetzt bleiben wir mit geschlossenen Augen eine kleine Weile so sitzen und genießen unseren Atem. Wir ruhen uns aneinander gelehnt aus, bis wir beide so richtig gestärkt sind.«

Es fällt Ihrem Kind leichter, seinen Atem zu spüren, wenn Sie ihm bildhafte Vergleiche geben.

PRAXIS
Atemspiele

Diese Übungen passen gut dazu
▶ Atemspiele (siehe unten)
▶ Zauberseife (Seite 34 f.)

Atemspiele

Wahrnehmungsübung

Bei dieser Übung erfährt Ihr Kind sehr intensiv seinen Atem. Es lernt alle Eigenschaften seines Atems kennen und bewusst zu steuern: Der Atem kann ganz zart oder auch sehr kräftig sein. Er kann wie ein Schmetterlingsflügel liebkosen – oder wie ein lustiger Springbrunnen Dinge »tanzen« lassen. Nehmen Sie sich insgesamt 10 Minuten Zeit zum Spielen und Genießen.

Das brauchen Sie:
eine kleine Feder, Watte oder einige Zeitungsschnipsel

Ausgangssituation
Ihr Kind sitzt bequem auf der Ruheinsel. Sie sprechen, Ihr Kind hört Ihnen zu.

So begleiten Sie die Atemspiele

Vorlesetexte zu den Atemspielen

»Wir sitzen uns gegenüber. Du hast ja bei dem vorherigen Spiel deinen Atem kennen gelernt. Wir wollen jetzt mit ihm spielen.«
Schmetterlingsatem
»Ich puste dir ganz sanft ins Gesicht. Schließe die Augen und stell dir dabei vor, dass ein schöner Schmetterling dein Gesicht streift. (Pusten Sie mal sanfter und mal stärker.) Sag mir, wann du den Schmetterling noch spürst. Jetzt tauschen wir die Rollen: Du pustest und ich fühle. Nun setzen wir uns etwas weiter auseinander und probieren aus, ob der Schmetterling auch eine größere Strecke schafft.
Federatem
»Ich lege dir eine Feder (etwas Watte, ein kleines Stück Papier) auf die Hand. Puste sie sanft zu mir herüber.
Schau mal, wie schön sie fliegt! Wir pusten sie uns abwechselnd hin und her.«

So könnten Sie weiterspielen
▶ Der Atem ist ein Springbrunnen, die Feder tanzt auf ihm.
▶ Das Kind liegt auf dem Bauch und übt Federweitpusten.

So beenden Sie die Atemübung
Sobald Ihr Kind außer Puste ist oder ihm schwindelig wird, nehmen Sie die Aktivität durch folgende Worte zurück:
»Schließ deine Augen. Lege eine Hand auf den Bauch und die andere auf deine Brust. Spür einmal, ob dein Atem heftiger als zu Beginn geht. Schlägt dein Herz auch schneller? Wir lassen jetzt unserem Atem und dem Herzschlag Zeit, zur Ruhe zu kommen.«

Diese Übung ausklingen lassen

PRAXIS

Erste Übungen: Der Einstieg in die Stille

Mit Zauberseife waschen

Bewegungsübung

Sie und Ihr Kind schäumen sich gegenseitig pantomimisch den gesamten Körper mit einer Zauberseife ein. Dabei wird der Körper massiert und entspannt sich durch die Berührungen. Behandeln Sie verspannte Bereiche etwas länger. Anschließend »spülen« Sie den Stress und alles, was Ihr Kind belastet, mit einer angenehmen Dusche fort. Regen Sie Ihr Kind zum Mitspielen an, indem Sie selbst Ihre Ansagen vorspielen. Seifen Sie sich gegenseitig den Rücken ein und rubbeln Sie ihn schließlich mit einem großen Handtuch wieder trocken.

Die Sache mit der Zauberseife gefällt schon den Kleinsten: Mama wäscht allen Ärger einfach weg!

TIPP!

Spielerische Streicheleinheiten

Nutzen Sie die Gelegenheit während des Zauberseifenspiels, Ihr Kind ausgiebig zu massieren und anschließend trockenzurubbeln. Kleine Kinder lassen das ganz besonders gern zu und genießen die intensiven Berührungen.

Ausgangssituation
Ihr Kind steht Ihnen gegenüber.

Das erzählen Sie Ihrem Kind
»Wir halten eine Dose mit einer Zauberseife in der Hand. Diese Seife hat Zauberkraft, weil sie all unsere Müdigkeit (unsere Sorgen, den Stress, die Anspannung) fortwäscht. Zunächst machen wir mit den Händen viel Schaum. Welche Farbe hat dein Schaum? Nun schäumen wir die Hände ein, dann den ganzen linken Arm bis zur Schulter (Arm dabei innen und außen kreisförmig massieren). Nun den rechten Arm ... die Schultern ... den Nacken ... jetzt Kopf und Haare ... das Gesicht ... den Rücken: Kannst du mir mal helfen? Ich komme mit meinen Händen gar nicht überall an meinen Rücken! Darf ich dir deinen Rücken auch einseifen? Welche Seife sollen wir dazu nehmen? Meine oder deine? Nun seifen wir die Rückseite

Vorlesetext zur Massage mit der Zauberseife

PRAXIS
Mit Säge und Axt Holz zerkleinern
35

unserer Beine von oben nach unten ein … die Füße und Zehen nicht vergessen. Nun an den Beinen vorn wieder hoch … wir waschen den Bauch, die Brust … und jetzt spülen wir unter einer Dusche den Schaum ab: das Wasser anstellen, mit der Brause die Haare abspülen, dann den ganzen Körper von Kopf bis Fuß. Nun machen wir den Wasserhahn wieder zu. Wir nehmen ein großes, weiches Kuschelhandtuch und rubbeln uns von Kopf bis Fuß trocken. Wir schütteln das Handtuch aus, hängen es auf und sind nun sauber und erfrischt.«

Streicheln, massieren, spielerisch abtrocknen

Diese Übungen passen gut dazu
▸ Atemspiele (Seite 33)
▸ Reise auf die Trauminsel (Seite 37 f.)

Mit Säge und Axt Holz zerkleinern

Die Übungen »Baumstamm zersägen« und »Holz hacken« sind dem Yoga nachempfunden und sollen Körper, Geist und Seele harmonisieren. Die bildhafte Form bereitet Kindern Freude – und tut dem Körper gut.

Bewegungsübung

Das erzählen Sie zur Übung »Einen Baumstamm zersägen«
»Heute wollen wir Holz zerkleinern, das wir für ein wärmendes Feuer brauchen. Zunächst setzen wir uns einander gegenüber. Die Beine sind nach vorn ausgestreckt, deine Fußsohlen berühren meine. Wir reichen uns die Hände. Jetzt stellen wir uns etwas vor: Zwi-

Vorlesetext zur Übung »Baumstamm zersägen«

Das macht Spaß: mit vereinten Kräften einen unsichtbaren Baumstamm zersägen.

PRAXIS

Erste Übungen: Der Einstieg in die Stille

schen uns liegt ein Baumstamm, und unsere Hände sind eine Säge. Nun beginnen wir, den Stamm durchzusägen: Ich zieh dich sanft an den Händen zu mir hin. Dabei wird dein Oberkörper ganz lang, Arme und Beine sind gestreckt. Richte dich nun langsam auf und ziehe mich zu dir. Wieder aufrichten. Ich zieh dich nun wieder zu mir. So sägen wir mit Schwung hin und her, bis der Baum in lauter kleine Teile zerschnitten ist.«

Variante: Das Fächerspiel

Mag Ihr Kind diese Übung, so wandeln Sie sie zum Fächerspiel ab.

Vorlesetext zum »Fächerspiel«

»Jetzt nehmen wir eine größere Säge, für einen noch dickeren Baumstamm. Wir sitzen diesmal mit gegrätschten Beinen einander gegenüber. Wieder berühren sich unsere Füße. Wir fassen uns an den Händen. Lehn dich mit geradem Rücken nach hinten. Ich folge deiner Bewegung und strecke meinen Oberkörper nach vorn. Probier mal aus, wie weit du dich nach hinten lehnen kannst. Aufrichten – jetzt gehe ich nach hinten. Das machen wir so lange, bis wir den Baum durchgesägt haben.«

Vorlesetext zur Übung »Holzhacken«

Beim »Holzhacken« erzählen Sie

»Nun haben wir genug Holz zersägt und wollen es klein hacken. Stell dich aufrecht hin und grätsche die Beine. Dann beugst du den Oberkörper nach unten, die Beine bleiben dabei ganz gerade. Stell dir vor, dass ein Stück Holz hochkant auf dem Boden steht. Vor dir liegt eine schwere Axt: Nimm sie in beide Hände. Nun hebe langsam die Axt mit gestreckten Armen über den Kopf und richte dich dabei auf. Strecke den ganzen Körper, um Schwung zu holen. Beim Ausatmen schlägst du mit der Axt zu und rufst dabei: ›sssssa!‹ Das Holzstück ist zerhackt! Pendle mit den Armen durch die Beine (die Übung 6-mal wiederholen).«

Beim »Holzhacken« kann Ihr Kind Ärger, Spannungen und Wut abbauen.

PRAXIS
Glasmusik

So wirkt das »Holzhacken«

Dafür eignet sich die Übung
Die Übung baut körperliche und seelische Spannungen ab. Wenn Sie und Ihr Kind während der ganzen Ausatmung »sssssa!« rufen, unterstützen Sie diese Wirkung. Die Übung hilft, Stress körperlich abzubauen (siehe auch Seite 13). Beginnen Sie ruhig auch Ihre »Stillezeit« immer wieder einmal mit dem Holzhacken.

Diese Übungen passen gut dazu
▶ Atemspiele (Seite 33)
▶ Reise auf die Trauminsel (siehe unten)

Glasmusik

Diese Übung fördert die Aufmerksamkeit: Ihr Kind kann die leisen Töne nur hören und unterscheiden, wenn es ganz still ist.

Das brauchen Sie:
drei bis sechs Weingläser
etwas Wasser für die Gläser
einen Bleistift

Vorlesetext zur Glasmusik

Das erzählen Sie zur Glasmusik
»Heute möchte ich mit dir eine besondere Musik machen. Wir können ein Glas mit einem Bleistift zum Klingen bringen. Ich mache es dir vor: Findest du diesen Ton schön? Möchtest du es auch mal ausprobieren? Klingen alle Gläser gleich oder hörst du Unterschiede?

Wie können wir das Glas noch zum Klingen bringen? (Ans Glas schnipsen, einen Holzstab oder einen Löffel verwenden, mit angefeuchtetem Finger über den Glasrand streichen …)«

So können Sie weiterspielen
▶ Sie und Ihr Kind erzeugen abwechselnd einen Ton.
▶ Sie probieren verschiedene Töne an unterschiedlich hoch gefüllten Gläsern aus.
▶ Sie versuchen, gemeinsam einen einfachen Liedanfang zu spielen, zum Beispiel: »Kuckuck, Kuckuck, ruft's aus dem Wald«.

Melodien auf ungewöhnlichen »Instrumenten« spielen

Diese Übungen passen gut dazu
▶ Zauberseife (Seite 34 f.)
▶ Holz hacken (Seite 36)

Reise auf die Trauminsel

Traumreisen helfen Ihrem Kind beim Entspannen, Ausruhen und Loslassen. Es kann seiner Fantasie freien Lauf lassen und ganz vom Alltag abschalten. Eine Traumreise enthält drei Phasen: die Hinführung, den eigentlichen Traum und die Rückführung (siehe Kasten Seite 38).

Übung zum Ausruhen

PRAXIS
Erste Übungen: Der Einstieg in die Stille

> **WICHTIG**
>
> ### Märchenhafte Ausflüge in eine fantastische Welt
>
> - Traum- oder Fantasiereisen regen die Vorstellungskraft Ihres Kindes an. Sie entspannen die Seele und aktivieren die persönlichen Erfahrungen Ihres Kindes.
> - Eine Traumreise enthält drei wichtige Phasen: Die Hinführung entspannt den Körper und bereitet das Kind geistig auf den Traum vor. Ihr Kind liegt mit geschlossenen Augen auf der Ruheinsel. So kann es sich gut in den folgenden Traum einfühlen und seine eigenen inneren Bilder entstehen lassen. Zum Schluss wird Ihr Kind durch die Rückführung sanft in die Realität zurückgeholt. Der Traum klingt aus. Das Kind kehrt in den wachen »Normalzustand« zurück.
> - Eine Traumreise enthält eine kurze Handlung. Dadurch aktiviert Ihr Kind seine Fantasie. Wünsche und Vorstellungen werden ihm deutlich. Das Kind schlüpft in beliebige Rollen und kann in der Fantasie neue Verhaltensweisen ausprobieren. Auch eventuell vorhandene Ängste können in dieser geschützten Atmosphäre bewusst wahrgenommen und verarbeitet werden.
> - Sprechen Sie mit Ihrem Kind nach einer Fantasiereise über seine Erlebnisse. Oder lassen Sie es ein Bild zu seinem Traum malen. Ihr Kind hat dabei die Möglichkeit, seine Gefühle und Bedürfnisse auszudrücken. Und Sie als Eltern erfahren vielleicht in einer neuen Form, womit sich Ihr Kind gerade beschäftigt.
> - Ruhebilder sind Traumreisen ohne Handlung. Sie bauen eine angenehme Atmosphäre auf. Das Kind verweilt in einer Szene. Ein Ruhebild hilft, Stress abzubauen. Es ergänzt oft auch optimal das abendliche Einschlafritual und lässt Ihr Kind sanft in den Schlaf gleiten.

Ausgangssituation
Ihr Kind liegt in Rückenlage (siehe Seite 21) auf der Ruheinsel. Sie sprechen, Ihr Kind hört Ihnen zu.

Die Hinführung
In eine Traumreise starten
»Ich werde dir jetzt eine Traumgeschichte vorlesen. Leg dich bequem hin und schließe die Augen, damit du dir alles gut vorstellen kannst.«

Der Traum
Zur Trauminsel reisen
»Stell dir vor, du liegst am Strand. Auf dem warmen, weichen Sand, das ist ein richtig angenehmes Kuschellager. Beweg dich mal ein bisschen hin und her, um dich noch etwas tiefer in den warmen Sand einzugraben. Die Wellen rauschen. Die Sonne scheint und wärmt deinen Rücken ... Auf einmal hörst du ein Plätschern am Strand. Du drehst dich um und siehst einen Delfin, der gerade auf dem Sand zu dir hinrobbt. Er kennt sogar deinen Namen und spricht dich an! ›Hallo‹, sagt er, ›ich bin gekommen, um dich abzuholen. Wenn du magst, kannst du auf meinem Rücken durch das

PRAXIS
Reise auf die Trauminsel

Unterstützen Sie die Fantasie Ihres Kindes

Wasser reiten. Ich möchte dir gern eine ferne Insel zeigen.‹ Etwas verwundert, aber neugierig sagst du Ja, steigst auf und gleitest durch die Wellen. Es macht dir Spaß, auf dem Delfin zu reiten, Sonne und Wasser zu spüren. Nach einer Weile erreicht ihr eine wunderbare Insel. Du hast viel Zeit, dir diese Insel ganz in Ruhe anzuschauen. Vielleicht gibt es da zahme Tiere, mit denen du sogar sprechen kannst? Oder unbekannte Pflanzen mit duftenden Blüten? Vielleicht entdeckst du ja auch eine Höhle mit einem Schatz. Sind Freunde dort oder deine Eltern? Überlege, wen du gern an diesem Platz bei dir hättest. Vielleicht brauchst du heute aber auch deine Ruhe und magst lieber ganz allein sein. Du kannst nun noch ein bisschen träumen und dir alles ganz genau vorstellen (einige Minuten Ruhe).«

Die Rückführung

Langsam in die Gegenwart zurückkehren

»Es wird nun Zeit, von deiner Trauminsel zurückzukehren. Ruf den Delfin. Er bringt dich wieder an deinen Strand. Du weißt aber, dass du immer wieder zu deiner Trauminsel reisen kannst, wenn du das magst, wenn du Ruhe brauchst oder Abenteuer erleben möchtest. Reck und streck dich wie früh beim Aufwachen. Atme tief ein und aus. Das tut gut – und du fühlst dich richtig erfrischt.«

Die Traumreise nachbereiten

Nach einer Traumreise haben Sie die Gelegenheit, mehr über die Empfindungen und Wünsche Ihres Kindes zu erfahren. Sie sollten mit Ihrem Kind über seine Erfahrungen und Gefühle reden. Sie könnten es zum Beispiel fragen:
- Hast du geträumt?
- Hast du die Insel gesehen?
- Wer warst du in dem Traum?
- Was hast du erlebt?
- Was hat dir an der Reise gefallen (und was nicht)?

Wenn Sie etwas mehr Zeit haben, lassen Sie Ihr Kind eine Szene aus seinem Traum malen, die ihm selbst sehr wichtig erscheint. Beim Malen vertieft Ihr Kind seine Gefühle. Es kann sich dabei bildlich mitteilen. Eine ruhige Musik im Hintergrund unterstützt die Konzentration des Kindes. Vielleicht haben Sie auch Lust zu malen. Tauschen Sie danach Ihre Gedanken aus.

Sprechen Sie mit Ihrem Kind über das gemalte Bild.

Reaktionen Ihres Kindes

So helfen Traumreisen Ihrem Kind

Viele Kinder lieben Stilleübungen – besonders die Traumreisen (siehe auch Kasten Seite 38). Ihr Kind kann in seiner Fantasie stark und mutig sein. Es kann Reaktionen anderer auf sein Verhalten beleuchten und neue Rollen ausprobieren.

Alle Wünsche erfüllen?

Wenn Kinder ihre Stimmungen und Wünsche zulassen, spüren sie oft auch Bedürfnisse, die sie bisher nicht bewusst wahrnehmen oder einfach nicht ausdrücken konnten. Das heißt aber nicht, dass diese Bedürfnisse und Wünsche anschließend auch alle erfüllt werden sollen. Erklären Sie Ihrem Kind den Unterschied zwischen materiellen Wünschen und den Bedürfnissen nach Kontakt und Sicherheit. Überlegen Sie in einem gemeinsamen Gespräch, wie Sie die wichtigsten Wünsche in die Realität umsetzen können.

Falls Ihr Kind kein Bild sieht

Mit allen Sinnen träumen

Manche Kinder verbinden mit Ihren Worten und Impulsen zu einer Traumreise nicht unbedingt sichtbare Bilder. Sie erinnern sich vielleicht eher an einen Geruch oder ein Geräusch zu einer erlebten Situation. Seien Sie nicht enttäuscht, wenn Ihr Kind anders wahrnimmt als Sie. Greifen Sie sinnliche Vorlieben Ihres Kindes auf und betonen Sie weniger die visuellen Impulse einer Traumreise. Mit zunehmender Übung stellen sich auch bei Ihrem Kind bildliche Vorstellungen ein.

Wenn Ihr Kind Angst fühlt

Fantasiereisen knüpfen an Erlebnisse und Bilder aus tieferen Schichten des Bewusstseins an. Neben Entspannung oder Wünschen können auch Ängste auftauchen. Diese sind direkt mit einer bereits erlebten Situation verbunden. So könnte sich ein Kind durch eine Traumreise an einen Strand an einen schönen Urlaub erinnert fühlen und wird innerlich ruhig und froh. Ein anderes Kind hat vielleicht im Urlaub unangenehme Erfahrungen mit großen Wellen gesammelt und fühlt sich deshalb ängstlich und angespannt. Wenn solche Ängste auftauchen, zeigt das, dass eine Situation noch nicht vollständig verarbeitet wurde. In einer Stilleübung schaffen Sie eine Atmosphäre, in der Ihr Kind alte Ängste entspannter betrachten kann. Hinterfragen Sie in einem Gespräch den Auslöser für die

Traumbilder wirken individuell verschieden

PRAXIS
Reaktionen Ihres Kindes

Angst. Schauen Sie sich gemeinsam diese Angst an. Überlegen Sie, ob sie heute immer noch berechtigt ist – und wie Sie Ihrem Kind helfen können, damit umzugehen. Meist lösen sich alte Ängste durch solche Träume und die Gespräche danach auf. Manchmal helfen schon Kleinigkeiten, etwa ein »starkes« Kuscheltier oder ein verändertes Einschlafritual.

Miteinander über Ängste reden

Ihr Kind mag jetzt gerade keine Ruhezeit?

Es kann immer wieder einmal vorkommen, dass sich Ihr Kind gerade nicht auf eine Ruheübung einlassen möchte. Versuchen Sie zunächst, es mit einem neuen Impuls zum Mitmachen anzuregen. Bieten Sie eine Bewegungsübung an, wenn es ein Ruhespiel nicht angenommen hat – und umgekehrt. Üben Sie keinen Druck aus: Ihr Kind soll aus innerer Bereitschaft zu Stille und Ruhe finden. Auch die Stimmung eines Kindes unterliegt Schwankungen. Wenn Sie merken, dass es heute gar nicht klappen will, haben Sie den Mut, eine Stilleübung abzubrechen. Versuchen Sie es lieber später noch einmal. Wandeln Sie dazu die Vorbereitungen oder die Themen ab. Die nächsten Stilleübungen sollten außerdem nur kurz sein, um Ihr Kind nicht zu überfordern.

Auf die aktuelle Stimmung des Kindes reagieren

> **TIPP!**
>
> ### Nach den ersten Erfahrungen mit Stilleübungen
>
> Sie wissen schon, welchen äußeren und inneren Rahmen Sie einer Stilleübung geben können (siehe Seite 25 ff.) und haben erste Spiele und Übungen kennen gelernt. Vielleicht brauchen Sie noch einige Anregungen für Ihr ganz persönliches Stilleritual.
> Entwickeln Sie aus dem bisher Erfahrenen Ihren persönlichen Rahmen für weitere Übungen.
> ● Eine feste Struktur erleichtert Ihnen den Einstieg. Auch Ihr Kind orientiert sich gern an bekannten Elementen. Diese geben ihm die Sicherheit, sich auf unbekannte Erfahrungen einzulassen. Ort, Zeit und Umstände sollten daher stets möglichst gleich sein.
> ● Entwickeln Sie einen auf Ihr Kind abgestimmten Einstieg mit Worten und Taten, die Sie beide zur Ruhe führen.
> ● Finden Sie Ihre persönliche Note, die Ruheinsel zu gestalten.
> ● Wählen Sie Ihre Lieblingsmusik als »Erkennungsmelodie«.
> ● Finden Sie Worte, die Ihrem Kind zum Schluss einer Übung den Übergang in den Alltag erleichtern (siehe zum Beispiel Rückführung Seite 39).

PRAXIS
43

Schritt 2: Ganze Übungssets

Sie haben einzelne Übungen kennen gelernt und sicher schon mehrere erfolgreich mit Ihrem Kind ausprobiert. Nach diesen ersten Erfahrungen mit Stilleübungen können Sie sich und Ihrem Kind nun zutrauen, einmal ein ganzes Übungsset zu einem Thema auszuprobieren. Beschäftigen Sie sich doch einmal intensiv mit dem, was Sie täglich umgibt: mit Erde, Wasser, Feuer, dem Wetter oder einem Tier. Ihr Kind wird das gemeinsame Spiel genießen und danach erholt und gestärkt in den Alltag zurückkehren. Und Sie haben die Chance, die Welt um sich herum eine Zeit lang mit den Augen eines Kindes wahrzunehmen ...

Der Aufbau der Übungssets

Nachhaltige Entspannung durch Übungssets

In diesem Kapitel finden Sie acht Sets mit mehreren aufeinander abgestimmten Stilleübungen. Der mehrfache Wechsel zwischen Aktion und Ruhe tut Ihrem Kind gut. Bald kann es diesen wohltuenden Rhythmus auch im Alltag anwenden und sich erholen. Außerdem kann sich Ihr Kind in einem längeren Set tiefer entspannen als bei kurzen Übungen.

Jedes Set hat ein Thema

Die Übungen eines Sets beschäftigen sich immer mit einem bestimmten Thema. Dadurch wirkt ein solches Set wie eine Fortsetzungsgeschichte, die Ihr Kind mit Aufmerksamkeit und Spannung verfolgen wird. Die Themen greifen Erfahrungen der Kinder auf: den Kontakt mit den Naturelementen Erde, Feuer, Wasser und Luft sowie die Natur – Wetter, Bäume und Tiere.

Das gehört zu einem Set

Die Übungssets beginnen mit einer Einstimmung. Dadurch werden Sie mit dem Thema eines Sets vertraut gemacht.
Viele Kinder müssen zunächst ihre körperlichen Anspannungen abbauen, um sich anschließend auf ruhige Elemente einzulassen. Deshalb folgt der Einstimmung eine Bewegungsübung. Diese Reihenfolge ist jedoch nicht zwingend: Sie können die Reihenfolge der Übungen in einem Set ganz nach Bedarf ändern. Braucht Ihr Kind Ruhe oder ist es körperlich erschöpft, beginnen Sie das Set vielleicht lieber mit einer Entspannungsübung.
Wenn beim Üben die Aufmerksamkeit Ihres Kindes nachlässt, verkürzen Sie die Übungsteile zum Wahrnehmen und Ausruhen. Wenn nötig, lassen Sie die Wahrnehmungsübung ganz weg und beenden Ihr Set mit einem sehr kurzen Ausruhen.

Die Reihenfolge der Übungsteile kann verändert werden

WICHTIG
Was ist ein Übungsset?

- Jedes Set ist eine Folge von vier zueinander passenden Übungen: eine zum Bewegen, eine zum Entspannen, eine Wahrnehmungsübung und eine zum Ausruhen.
- Alle Übungen eines Sets stehen unter einem gemeinsamen Thema.
- Für ein Übungsset sollten Sie sich ungefähr eine halbe Stunde Zeit nehmen.

Übungsset Erde

Stimmen Sie sich ein: die Erde spüren

Bevor Sie beginnen, stimmen Sie sich selbst auf das Thema des Übungssets ein. Wir nehmen täglich die Geschenke der Erde in uns auf. Die Erde bietet uns festen Boden unter den Füßen. Sie ist unsere Basis, unser Zuhause.
Denken Sie zurück an Ihren letzten intensiven Kontakt mit der Erde: Gartenarbeit, Töpfern, Kochen – wie schmeckt und riecht die Erde mit ihren Geschenken?

Mehr über die Erde

Mit diesen Gedanken stimmen Sie Ihr Kind ein

»Auf der Erde gehen wir. Wir bauen Häuser, in denen wir wohnen. Die Erde verwandelt Samen in Pflanzen. Die spenden uns Schatten und gute Luft zum Atmen, viele können wir essen.
Die Erde hat viele Gesichter: Berge und Täler, Felsen, Steine, Sand, fruchtbare Erde. Sie hält für uns neben der Nahrung auch Erdschätze wie Edelsteine oder Gold bereit. Sie birgt viele Reichtümer. Geh deshalb sorgsam mit ihr um. Heute beschäftigen wir uns auf unserer Ruheinsel mit der Erde. Wir nehmen uns Zeit, in Spielen und Geschichten mehr über die Erde zu erfahren.«

Erdkontakt spüren

Bewegungsübung

»Zieh die Strümpfe aus: Wie fühlt sich der Boden an? Freuen sich deine Füße, so frei zu sein? Wir gehen auf der Stelle. Jetzt schleichen wir ganz leise, wie Indianer … wir rennen … wir stampfen … Sind deine Füße auch ganz warm und kribbelig geworden? Komm, wir machen alles gleich noch mal!«

So können Sie weiterspielen

Die Erde – wirklich ein Element »zum Anfassen«.

▶ Erfinden Sie mit Ihrem Kind »Fuß-Musik«. Einen Stampfrhythmus, vielleicht: lang-kurz-kurz-lang, lang-lang-kurz-kurz-kurz.

PRAXIS
Übungsset Erde

Spiel mit dem Kneteball

Vorlesetext zum Spiel mit dem Kneteball

Übung zum Entspannen

Das bewusste Zusammendrücken und das nachfolgende Loslassen bewirkt, dass sich die Muskeln effektiv entspannen.

Ausgangssituation
Ihr Kind liegt in Rückenlage (siehe Seite 21) auf der Ruheinsel. Sie sprechen, Ihr Kind hört Ihnen zu.

Fest zugreifen und wieder loslassen – eine Wohltat für die Muskeln.

»Vielleicht sind deine Füße jetzt müde geworden. Leg dich ein bisschen hin. Stell dir nun vor, du hast einen Kneteball in deiner rechten Hand. Knete ihn kräftig durch, so dass er ganz weich wird.
* Jetzt leg den Kneteball unter deine Handfläche und drücke ihn ganz platt. Drück noch ein bisschen fester. Lass langsam los und heb deine Hand etwas vom Boden ab. Halte sie zwei bis drei Atemzüge lang so und spüre, wie schwer sie ist, wie gern sie zu Boden sinken möchte (ab * 1-mal wiederholen). Nimm die Knete in die linke Hand (dieselben Bewegungen wie vorher mit der rechten Hand).«

Lassen Sie Ihr Kind die Wirkung von Druck und Schwerkraft auch mit anderen Körperteilen spüren. Je älter das Kind ist, desto länger kann die Übung dauern. Üben Sie zum Beispiel mit den Armen, beiden Schulterblättern, den Fersen und den Beinen. Ihr Kind kann den Bauch einziehen, dabei mit dem Rücken fest gegen den Boden drücken und schließlich den Bauch anheben.

»Genieße das Gefühl, ganz entspannt dazuliegen, zu fühlen, wie warm dein Körper ist, wie er kribbelt … Nun reck und streck dich wie morgens beim Aufwachen.«

Erde, Sand und Steine

Wahrnehmungsübung

Das brauchen Sie:
einige verdeckte Dessertschälchen mit trockener und nasser Erde, Sand, kleinen Steinen
Tuch zum Verbinden der Augen

PRAXIS
Der Zauberstein

Vorlesetext für Erde, Sand und Steine

»Nun bist du wach genug für ein Fühlspiel. Ich verbinde dir die Augen, damit es noch spannender wird. Setz dich auf die Ruheinsel. Vor dir stehen mehrere Schälchen. In jedem ist etwas, das mit unserem Thema Erde zu tun hat. Fühle mal in die Schälchen hinein: zuerst mit den Fingern, dann mit der ganzen Hand. Riech daran. Wie riechen deine Hände? Was ist in den Schälchen? Was riecht besser? An was erinnert dich der Geruch?«

So können Sie weiterspielen
▶ Greife mit jeder Hand in ein Schälchen: Was fühlt sich angenehmer an?
▶ Mit geöffneten Augen: Wie viele Steine kann jeder stapeln?
▶ Bauen Sie gemeinsam eine Pyramide aus Steinchen.

Bei diesem Fühlspiel konzentriert sich Ihr Kind auf seinen Tastsinn.

Der Zauberstein

»Jetzt wird es Zeit zum Ausruhen. Such dir den schönsten von allen Steinen aus und halte ihn in der Hand. Du kannst dich bei mir ankuscheln und es dir in meinem Schoß ganz gemütlich machen … Stell dir vor, du warst lange auf dem Spielplatz. Du bist noch ganz sandig (streifen Sie den Sand und die Erde von Rücken, Beinen, Armen, aus dem Haar). Halte deinen Stein fest in der Hand. Das ist dein Zauberstein. Du hast ihn auf dem Spielplatz gefunden und gleich geahnt, dass es ein Zauberstein ist: Er hat so geheimnisvoll gefunkelt. Ob die anderen das auch bemerkt haben? Du bist froh, dass du ihn mitgenommen hast und ihn jetzt in der Hand spürst. Ist er ganz warm? Dann entwickelt er wohl seine Zauberkraft. Dieser Stein macht dich ganz ruhig und stark – ruhig und stark. Spüre, wie seine Kraft auf dich wirkt. Du kannst ihn auch auf deine Stirn legen und so seine Stärke fühlen. Wenn du willst, nimm ihn morgen in deiner Hosentasche mit in den Kindergarten (die Schule). Fühl dort mal mit der Hand nach ihm. Macht er dich da auch stark und ruhig? Jetzt genieße die Ruhe noch eine Weile. Öffne die Augen, hol ein paarmal tief Luft und reck und streck dich.«

Eine Traumreise zum Ausruhen

Vorlesetext zur Geschichte vom Zauberstein

Übungsset Wasser

Stimmen Sie sich ein: So wichtig ist Wasser

Wasser spendet Leben. Jede Pflanze, jedes Tier besteht zu einem großen Teil aus Wasser. Das Leben beginnt im Mutterleib – geschützt durch Wasser.
Das Element Wasser ist beweglich. Es fließt, es symbolisiert die Veränderungen, den Lebensfluss.

Das feuchte Element

Erfrischend, belebend und immer in Bewegung: das Wasser.

»Du hast jeden Tag mehrmals mit Wasser zu tun: Du trinkst es, du wäschst dich damit. Vielleicht badest du gern zu Hause in der Wanne oder magst es, im See oder im Meer zu schwimmen?

Wasser kommt einfach überall vor – und es sieht immer wieder anders aus. Denk an einen Fluss, den Regen, eine Pfütze, Tee oder eine Suppe. Überlege mal, wozu Wasser nötig ist? Wer braucht es zum Leben? (Blumen, Tiere, Menschen, Bäume …) Auch bei unseren Spielen geht es heute um Wasser.«

Mit diesen Gedanken stimmen Sie Ihr Kind ein

Ein Waschtag

Beim »Waschtag« dehnt und streckt Ihr Kind den Körper spielerisch. Bleiben die Beine beim Bücken durchgestreckt, wirkt die Übung noch belebender.

Bewegungsübung

»Heute haben wir Waschtag. Wir tragen einen schweren Korb mit Wäsche und stellen ihn vor uns auf den Boden. * Wir nehmen ein Paar schmutzige grüne Strümpfe heraus, tauchen sie in eine Waschschüssel und waschen sie mit beiden Händen kräftig aus (Handflächen fest aneinander reiben). Wir schlagen die Strümpfe glatt und schütteln dabei das Wasser heraus (3-mal die Arme ausschütteln). Jetzt hängen wir die Strümpfe auf eine Wäscheleine. Wir strecken uns mit beiden Armen

Vorlesetext zum Waschtag

Der Wasserfall

So macht Arbeit Spaß: lachend unsichtbare Wäsche aufhängen.

ganz hoch (kräftig strecken und auf die Zehenspitzen stellen). Wir klammern die Strümpfe nacheinander mit Wäscheklammern fest. (Ab * mehrmals wiederholen. Überlegen Sie dabei abwechselnd mit Ihrem Kind, welche Wäschestücke als Nächstes gewaschen und aufgehängt werden könnten.) Nun haben wir die ganze Wäsche aufgehängt. Wir setzen uns auf den Boden und schauen unser Werk noch einmal an. Und bis die Wäsche trocken ist, können wir ja noch etwas spielen!«

Der Wasserfall

Geschichte zum Entspannen

»Leg dich auf deine Ruheinsel und erhol dich ein wenig vom anstrengenden Wäschewaschen. Lieg ganz bequem und schließ die Augen. Spüre einige Atemzüge lang, wie die Luft in dich hineinströmt und wieder aus … ein und aus … Stell dir vor, du bist einen langen Weg durch den Wald gewandert. Du bist müde und staubig. Plötzlich hörst du ganz weit weg ein Rauschen. Du gehst hin und stehst vor einem großen Wasserfall. Du hältst die Hände in das spritzende Wasser. Es ist angenehm kühl. Du wäschst den Staub vom Gesicht ab. Jetzt möchtest du dich ganz unter den Wasserfall stellen. Du ziehst deine Sachen aus und gehst ganz in den Wasserfall hinein. Oh, wie schön das Wasser auf deine Haare plätschert! Es strömt über dein Gesicht, den Bauch, die Arme … über deine Schultern, den Rücken entlang, über den Po, die Beine – bis hin zu den Fersen. Das Wasser spült Schmutz, Staub und alles, was dich heute müde gemacht hat, weg. Bleib noch eine Weile hier stehen, drehe dich ein wenig, damit du das Wasser überall spürst … Wenn du dich erfrischt fühlst, öffne die Augen.«

Vorlesetext zum Wasserfall

Wasser und Eis

Das brauchen Sie:
einen Teelöffel Wasser
etwas Eis aus dem Gefrierfach
zwei Kissen oder Bücher
falls genug Zeit ist:
  Papier und Wasserfarben

Wahrnehmungsübung

PRAXIS

Übungsset Wasser

Vorlesetext zur Übung »Wasser und Eis«

Das erzählen Sie, wenn Ihr Kind Wasser und Eis fühlt

»Setz dich in den Fersensitz (siehe Seite 22) und schließe die Augen. Öffne deine Hand wie eine kleine Schale. Lass deine Augen weiterhin zu, während ich dir etwas in die Hand gebe (träufeln Sie einen Teelöffel voll Wasser in die Hand Ihres Kindes). Wie fühlt sich das an? Angenehm oder nicht? Kalt oder warm? Verändert sich dein Gefühl mit der Zeit? Streiche etwas Wasser auf deinen Handrücken. Fühlt sich das anders an als vorher? Öffne deine linke Hand (legen Sie einen Krümel Eis hinein). Wie fühlt sich das an? Achte mal ganz genau darauf, wie das Eis schmilzt. Nun kannst du deine Stirn mit dem Schmelzwasser erfrischen.«

Vorlesetext zum Wasserbalancieren

Variante: »Wasserbalancieren«

»In vielen Ländern kommt das Wasser nicht aus dem Hahn. Die Leute müssen es aus einem Brunnen holen. Stell dir vor, wir beide sind Wasserträger. Wir tragen einen großen Krug Wasser auf dem Kopf. Dazu müssen wir ganz gerade stehen und gehen, damit wir kein Wasser verschütten (legen Sie sich beide ein Kissen oder Buch auf den Kopf).«

So können Sie weiterspielen

▶ durchs Zimmer balancieren
▶ rückwärts gehen, sich drehen und in die Hocke gehen
▶ im Freien draußen richtiges Wasser in einem kleinen Eimer oder einer Schüssel balancieren

Schöner Schluss: ausgiebig kuscheln

Übung zum Ausruhen

»Auch die Wasserträger werden einmal müde. Zum Ausruhen kannst du dich bei mir ankuscheln. Schließe deine Augen. Denk noch einmal an unsere Wasserspiele. Zuerst haben wir Wäsche gewaschen, dann haben wir uns unter dem Wasserfall erfrischt. Du hast Wasser und Eis gefühlt und Wasser balanciert.«

Falls Sie noch Zeit haben, können Sie das Spiel fortsetzen und Ihr Kind ein Bild dazu malen lassen.

Auf das Malen einstimmen

»Gehe in Gedanken noch einmal zu deinem Wasserfall. Schau ihn dir ganz genau an. Siehst du dich selbst darunter stehen? Du hast jetzt Zeit, dieses Bild mit Wasserfarben zu malen.«

Auch so können Kinder Wasser bewusst erfahren

Noch mehr Ideen rund ums Wasser

▶ draußen den Regen schmecken, auf der Haut fühlen
▶ mit Wasser und Pinsel auf der Straße malen
▶ abends genüsslich duschen oder baden

Übungsset Feuer

PRAXIS

Stimmen Sie sich auf das feurige Element ein

Das Element Feuer ist faszinierend und gefährlich zugleich. Es schenkt uns Licht und Wärme, wenn wir es kontrollieren können. Bei einer Katastrophe, etwa einem Waldbrand, ist es jedoch unberechenbar.
Durch das Feuer wird unsere tägliche Nahrung bekömmlicher. Beim Verbrennen entsteht auch der Strom, mit dem wir unser Wasser erwärmen und künstliches Licht erzeugen.

Faszinierend schön, aber auch gefährlich: das Feuer.

Feuer ist Leben: Ohne den riesigen Feuerball Sonne wäre die Erde kalt und tot. Die Sonne schenkt uns Licht und Wärme. Die Pflanzen verwandeln diese Energie in Lebenskraft: Sie wachsen und gedeihen. Im Inneren der Erde ist ewiges Feuer, dessen Kraft wir beim Ausbruch eines Vulkans erahnen können.
Ein Feuer reinigt. Altes und Vertrocknetes wird verbrannt, um neuem Leben Platz zu machen. Und unsere Verdauung schließlich ist eine Art »inneres Feuer«: Die Nahrung wird verbrannt und in Lebensenergie, Kraft und Wärme umgewandelt.

Feuer ist Leben

»Das Feuer ist sehr wichtig für uns: Es schenkt uns Wärme. Denk mal an ein Lagerfeuer. Es riecht gut und ist gemütlich. Sein Flammenspiel fasziniert einen. Aber man muss mit dem Feuer ganz besonders vorsichtig umgehen. Auch die Sonne ist aus Feuer: ein riesengroßer Feuerball! Ohne sie gäbe es kein Leben auf unserer Erde. Die Sonne schenkt uns Licht und Wärme. Und ganz tief in der Erde drin ist es so heiß, dass sogar die Steine schmelzen. An manchen Stellen kommt der flüssige Steinbrei ab und zu an die Erdoberflä-

Mit diesen Worten stimmen Sie Ihr Kind ein

...che. Dort bricht dann ein Vulkan aus. Wir wollen uns heute auf unserer Ruheinsel einmal ganz besonders mit dem Feuer beschäftigen.«

Ein Vulkanausbruch

Bewegungsspiel

Das brauchen Sie: möglichst viele Kissen oder Decken

»Wir spielen jetzt, wie ein Vulkan ausbricht. Ich liege dazu auf dem Boden, zusammengerollt wie eine kleine Maus. Jetzt decke mich mal mit den Kissen und Decken zu, so dass ich ganz versteckt bin. Ich bin jetzt der Vulkan. Er schläft tief drinnen in einem Berg. Doch dann wird es dem Vulkan heißer und heißer …

Macht Spaß und baut Aggressionen spielerisch ab: den Vulkan ausbrechen lassen!

Er beginnt ganz langsam zu brodeln und zu kochen (wackeln Sie ein wenig hin und her) … und plötzlich kocht der Vulkan über und spuckt Feuer aus der Erde (richten Sie sich auf und werfen Sie dabei die Kissen zur Seite)! Möchtest du jetzt auch mal der Vulkan sein?«

Vorlesetext zum Vulkanausbruch

Ermutigen Sie Ihr Kind beim Rollentausch, sein Vulkanspiel mit Geräuschen zu untermalen: Ein Vulkan grummelt und brummelt und bricht schließlich mit einem gewaltigen Grollen aus. Dabei baut Ihr Kind Spannungen ab. Angestaute Wut und Ärger können so kontrolliert zum Ausdruck kommen.

Das innere Feuer

»Leg dich nach unserem Vulkanspiel auf deine Ruheinsel auf den Rücken. Schließe deine Augen. Wahrscheinlich ist dir jetzt sehr warm geworden. Wenn wir ganz ruhig werden, können wir gut unser inneres Feuer spüren. So nennt man die Energie, die uns wärmt, uns froh sein lässt und uns die Kraft zum Spielen, Toben oder Lernen gibt. Spüre unter dir den Boden. Möchtest du dich noch ein bisschen bequemer hinlegen? Spüre deinen Atem, wie er ein- und ausströmt … ein und aus …

Spielend entspannen

Feuerspiele

Vorlesetext zum Spiel »Das innere Feuer«

Nun stell dir vor, dass in der Körpermitte, da wo dein Bauchnabel ist, ein wärmendes Feuer brennt. Das ist dein Wärmezentrum, das dir Kraft gibt. Wenn du ganz genau aufpasst, merkst du vielleicht, wie dein Bauch ganz angenehm warm wird. Lass diese Wärme in deinen ganzen Körper fließen. (Legen Sie nun Ihre Hände auf den Bauch oder Rücken Ihres Kindes und streichen Sie mit den Händen über die Körperbereiche, die Sie nennen:) Die Wärme breitet sich zu deinen Beinen hin aus, sie fließt durch deinen Unterkörper in dein linkes Bein, durch den Oberschenkel, durch den Unterschenkel, in den Fuß und erwärmt deine Zehen. (Wiederholen Sie dasselbe mit dem rechten Bein.) Von deiner Körpermitte fließt die Wärme nun nach oben zur Brust, in die Schultern, in den linken Arm bis zur linken Hand, in die Finger (dasselbe nun auch mit dem rechten Arm). Nun fließt die Wärme weiter durch den Hals, in den Kopf und oben am Scheitel wieder heraus. Dein Kopf wird von Wärme durchflutet. Dann kommt ein leichter Wind auf, der deine Stirn angenehm kühlt (pusten Sie leicht auf die Stirn). Genieße noch ein Weilchen das schöne Gefühl der Wärme. Jetzt reck und streck dich wie morgens beim Aufstehen. Mach ein paar tiefe Atemzüge, jetzt bist du frisch und wach.«

Feuerspiele

Das brauchen Sie:
einige Teelichter in Glasschälchen oder mehrere aneinander geklebte Papierbögen und Malstifte
ruhige klassische Musik

Wahrnehmungsübung

Ausgangssituation

Sie sitzen sich auf Ihrer Ruheinsel aufrecht gegenüber. Zünden Sie aufmerksam und in Stille eine Kerze an. Stellen Sie diese zwischen sich.

»Wir wollen in Ruhe die Kerze betrachten. Ihre Flamme schenkt uns Licht und Wärme.«

Flamme wahrnehmen

»Sieh dir das Licht genau an. Welche Farben kannst du entdecken? Schau dir das Flackern an. Das Feuer sieht aus, als würde es leben. Geh langsam mit dem Handrücken näher an die Flamme. Spüre ihre Wärme. In welchem Abstand kannst du sie gerade noch fühlen? Wann wird sie dir zu heiß?«

Vorlesetext zu den Feuerspielen

Die Kerze flackert

»Puste nun ganz sacht zu der Flamme hin. Lass sie flackern. (Variieren Sie das Spiel nach einigen Atemzügen. Etwa mit folgenden Vorschlägen:) Wir spielen mit der Flamme: Lass sie mal sacht, mal kräftig flackern. Aber sie darf nicht ausgehen.«

PRAXIS
Übungsset Feuer

> **TIPP!**
>
> **Vorschläge für Ihren Feuertanz**
>
> Tanzen Sie nach einer bestimmten Schrittfolge – ruhig und konzentriert. Und so könnte Ihr Feuertanz aussehen:
> - 4 Schritte im Kreis herumgehen
> - 4 kleine Schritte auf das Feuer zugehen, dabei die Arme heben und die Finger wie züngelnde Flammen tanzen lassen
> - 4 Schritte zurück, dabei die Arme senken
> - Alles einige Male wiederholen

Feuertanz

Stellen Sie nun einige Kerzen auf sicheren Schälchen in die Mitte des Zimmers. Falls Ihnen das zu gefährlich erscheint, malen Sie mit Ihrem Kind ein großes Feuer auf die aneinander geklebten Papierbögen, die sie dann in die Mitte des Raumes legen. Wählen Sie eine ruhige klassische Musik (Vorschläge siehe Anhang Seite 94). Bewegen Sie sich beim Tanzen nach einer bestimmten Schrittfolge (siehe Kasten oben).

»Wir stellen uns vor, die Kerzen (oder die gemalten Flammen) sind ein großes Feuer. Wir wollen gemeinsam um das Feuer tanzen.«

Tag am Lagerfeuer

Traumreise zum Ausruhen

»Leg dich hin und ruh dich auf deiner Insel aus. Schließ deine Augen und lass deinen Atem zur Ruhe kommen. Bald schon beginnst du zu träumen. Du träumst von einem besonderen Tag mit deiner Kindergartengruppe (Schulklasse): Ihr macht einen Ausflug in den Wald. Es ist Sommer, und ihr spielt hier draußen den ganzen Tag: auf umgekippten Baumstämmen, am Ufer eines kleinen Baches … Es macht Spaß, im Wald zu spielen. Ihr habt gar keine Zeit, ans Essen zu denken. Irgendwann ist es später Nachmittag. Die Sonne senkt sich bereits, und ihr versammelt euch auf einer Waldwiese. Ihr tragt trockene Äste zusammen. An manchen habt ihr schwer zu schleppen. Jeder hilft mit und trägt heran, was er findet. Ihr stapelt das Holz in der Mitte der Wiese übereinander. Die Erzieherin (Lehrerin) zündet das Lagerfeuer an. Es beginnt zu knistern, Funken stieben, und Flammen züngeln. Du riechst den rauchig-würzigen Duft des Lagerfeuers. Langsam geht die Sonne unter, und es wird kühler. Du bist froh, dass euch das Lagerfeuer wärmt und Licht spendet. Vielleicht hast du Lust, mit den anderen um das Feuer zu tanzen oder zu singen. Vielleicht bist du nun hungrig, und ihr beginnt, an langen Stöcken Würstchen zu grillen. Träume nun ein bisschen von deinem Lagerfeuer, bis ich dich wecke … Nun komm aus deinem Traum zurück – lass dir ruhig Zeit dabei. Reck und streck dich.«

Vorlesetext zur Traumreise: Lagerfeuer

Übungsset Luft

PRAXIS

Gedanken zum Einstimmen

Die Luft umgibt uns fühlbar, unsichtbar. Nur wenn man sich still darauf einlässt, fühlt man die Eigenschaften der Luft: Sie ist trocken oder feucht, als Hauch spürbar oder als Sturm. Sie riecht nach Wald, Meer oder einer Blumenwiese. Luft ist lebenswichtig: Unser Atem ist Teil des Lebensrhythmus aus Kommen und Gehen, Auf- und Abbau, Entstehen und Vergehen. Luft verkörpert auch Leichtigkeit und Beschwingtheit. Wir träumen vom Fliegen und möchten wie die Vögel den Wind unter den Flügeln spüren.

Sehnsucht und Leichtigkeit: diese Gefühle ruft das unsichtbare Element in uns wach.

Luftige Erfahrung

»Die Luft ist für alle Lebewesen auf der Erde ganz wichtig. Du atmest ständig frische Luft ein und verbrauchte wieder aus. Immer ist ein bisschen Luft in uns – und ganz viel davon ist um uns herum. Die Luft kannst du nicht sehen, aber spüren: als Luftzug auf der Haut. Und du kannst Luft riechen. Mal riecht sie gut, mal schlecht. Vögel und Schmetterlinge fliegen in der Luft, die Blätter tanzen im Wind, im Herbst kannst du einen Drachen steigen lassen …
Heute spielen wir Spiele, bei denen du deinen Atem und die Luft um dich herum spüren kannst.«

So stimmen Sie Ihr Kind ein

Blättertanz

Zu dieser Übung passt Musik: am besten das Herbst-Konzert aus »Die vier Jahreszeiten« von Antonio Vivaldi oder ein Walzer.

Bewegungsübung

Das erzählen Sie zum Blättertanz

»Stell dich hin und schließ die Augen. Stell dir vor, du bist ein Blatt, das vom Herbstwind hin und her geweht wird. Breite die Arme aus und tanze wie ein Blatt im Wind!«

Vorlesetext zum Blättertanz

Fühle deinen Atem

Übung zum Entspannen

»Du kannst dich jetzt auf deiner Insel ausruhen. Setz dich dazu in den Fersensitz (siehe Seite 22) und halte die Hände auf den Bauch. Spürst du, wie du deinen Bauch beim Einatmen automatisch herausdrückst? Und wie er wieder flacher wird, wenn du ausatmest? Vielleicht geht dein Atem schnell, weil du so wild getanzt hast. Dann warten wir, bis er ruhiger wird … Darf ich deinen Atem auch einmal fühlen? Mach dich dazu so klein wie eine Maus, mit dem Kopf auf dem Boden. Ich lege meine Hände auf deinen Rücken und fühle, an welchen Stellen ich deinen Atem am besten spüre … Möchtest du bei mir auch mal fühlen? (Wechseln Sie.)«

Die Maushaltung hilft Ihrem Kind, seinen Atem wahrzunehmen.

TIPP!

Watteweiche Flugspiele

▶ Falls Sie gerade kein Seifenblasenspiel haben, nehmen Sie stattdessen etwas Watte. Beobachten Sie zusammen, wie die Watte fliegt. Lassen Sie Ihr Kind wie einen Wattebausch im Wind tanzen. Pusten Sie es dazu von verschiedenen Seiten an.

Seifenblasenspiele

Das brauchen Sie:
Seifenblasenspiel oder Watte (siehe Kasten oben)
ein Tuch zum Wedeln

Wahrnehmungsübung

Seifenblasen pusten
»Wir pusten abwechselnd Seifenblasen. Versuch mal, viele kleine Blasen zu machen. Kannst du auch eine ganz große pusten?«

So können Sie weiterspielen
▶ Schauen Sie gemeinsam zu, wie die Seifenblasen schweben.
▶ Pusten Sie sich gegenseitig eine Seifenblase zu.
▶ Wedeln Sie mit einem Tuch, so dass die Seifenblasen wild tanzen.

Seifenblasentanz
»Jetzt hast du genau beobachtet, wie eine Seifenblase schwebt. Stell dir vor, du bist selbst eine. Ich puste dich an. Schweb in die Richtung, in die ich dich puste, bis ein neuer Windstoß von mir kommt.«

Vorlesetext zum Seifenblasentanz

Seifenblasenflug

Traum zum Ausruhen

Vorlesetext zum Seifenblasenflug

»Ruh dich jetzt auf deiner Insel vom Pusten und Tanzen aus. Wenn du möchtest, kuschle dich an mich und mach es dir gemütlich. Du hast Zeit zum Träumen. Wenn du die Augen schließt, kannst du noch besser träumen … Du träumst, dass du eine ganz große Seifenblasenflasche hast. Die Pusteschlinge ist so groß wie ein Suppenteller. Du kletterst mit deiner Flasche auf einen hohen Baum und machst es dir auf einer Astgabel gemütlich. Dann beginnst du, Seifenblasen zu pusten. Du tauchst die Schlinge in die Flüssigkeit, hältst sie vor deine Lippen und pustest. (Pusten Sie langsam aus.) Viele Seifenblasen entstehen, groß wie Fußbälle. Sie schweben um dich herum und glänzen in allen Regenbogenfarben. Der Wind nimmt sie auf seine Reise mit. Sie schweben weit über die Wiesen. Du pustest noch einmal ganz vorsichtig. Allmählich entsteht eine riesengroße Seifenblase. Sie ist so groß, dass du sie gar nicht umfassen kannst. Du staunst und wünschst dir, du könntest mit ihr auf Reisen gehen. Und schwupp! Schon sitzt du in der Seifenblase drin! Ein Windstoß erfasst dich und weht dich fort. Du schwebst mühelos in deiner Seifenblase. Du fühlst dich ganz leicht. Du schaust auf die Wiesen und Bäume unter dir. Vielleicht fliegst du in ein fernes Land, vielleicht zu Menschen, die du gern besuchen möchtest … Schau dich um und genieße deine Reise, bis ich dich wieder wecke.«

Schwerelos fliegen und die Leichtigkeit genießen

Schillernde, bunte Seifenblasen begeistern jedes Kind!

PRAXIS
58

Übungsset Wetter

Einstimmung für die »Großen«

Kinder lieben es, das Wetter zu fühlen: Wind und Sturm, einen warmen Sommerregen, klirrende Kälte, Herbstnebel. Viele Erwachsene vermeiden das lieber: Man könnte ja nass werden oder sich erkälten. Es ist ständig zu heiß oder zu kalt. Dabei kann es so schön sein, intensiv wahrzunehmen. Laden Sie heute Ihr Kind ein, gemeinsam das Wetter zu fühlen: sich die Haare zerzausen zu lassen, Regen auf der Haut zu spüren ...

Wir spielen Wetter

Bewegungsübung, die die Kinder einstimmt

Bei der folgenden Übung kann sich Ihr Kind bewegen, und Sie stimmen es damit gleichzeitig auf das Thema des Übungssets ein: das Wetter. Mit der Lieblingsmusik macht es noch mehr Spaß!

Das erzählen Sie beim Spielen
»Wir spielen heute Wetter. Dabei läuft Musik. Sobald die Musik aufhört, spielst du ein bestimmtes Wetter – ich sag dir immer, welches: Wenn ich »Sonne« sage, streckst du dich aufrecht mit beiden Armen der Sonne entgegen

Vorlesetext zum Wetterspiel

und lässt sie in dein Gesicht scheinen. Hörst du das Wort »Regen«, bleibst du stehen und lässt deine Finger wie Regentropfen hin und her zappeln. Sage ich »Regenbogen«, machst du eine Brücke: Stell dich auf Hände und Füße. Mit durchgedrückten Knien und Armen ist dein Körper rund wie ein Regenbogen. Und zwischendurch kannst du zur Musik tanzen – wie Regentropfen im Wind.«

Danach darf Ihr Kind Ihnen Wetterkommandos geben! Erweitern Sie mit älteren Kindern das Spiel: Finden Sie Haltungen für Wolke, Blitz, Donner, Sturm ...

Ob Nebel, Schnee oder ein Regenbogen: Mit den Augen eines Kindes gesehen, ist jedes Wetter schön.

PRAXIS

Das Wetter fühlen

59

Gewittermassage

Übung zum Entspannen

»Leg dich auf deiner Ruheinsel auf den Bauch. Ich möchte auf deinem Rücken Gewitter spielen. Leg dich ruhig ganz bequem hin … so. Nun schließe die Augen und genieße unsere Rückenspiele.
An einem frühen Morgen im Sommer liegt der Nebel noch über den Tälern (mit beiden Handflächen über Rücken, Schultern, Arme und Beine des Kindes streichen). Er deckt alles zu. Allmählich dringt die Sonne durch den Nebelvorhang und erwärmt hier und da die Erde (verweilen Sie mit den Handflächen länger auf einer Körperstelle und erwärmen Sie diese). Die Sonne wandert hoch an den Himmel. Es ist ein schöner Sommertag. Doch in der Ferne tauchen dunkle Wolken auf (über den ganzen Rücken wischen). Sie werden immer größer und dunkler: Ein Gewitter zieht auf. Erst ein Blitz (klatschen Sie in die Hände), dann der Donner (trommeln Sie mit den Fäusten auf den Rücken). Die ersten Regentropfen fallen auf die Erde (mit den Fingerspitzen den Rücken berühren). Der Regen wird immer heftiger. Er prasselt nieder. Und jetzt kommt ein Wind auf (über den Rücken und in die Haare pusten). Er pustet die dunklen Wolken fort. Nun scheint wieder die Sonne (mit den Handflächen den Rücken wärmen).«

Vorlesetext zu einer bewegten Massage

Das Wetter fühlen

Das brauchen Sie:
einen Wäschesprenger, um Regen zu machen
ein Tuch für den Wind
eine Stehlampe als Sonne

Wahrnehmungsübung

»Jetzt kannst du das Wetter nicht nur auf dem Rücken fühlen, sondern überall auf deiner Haut. Setz dich dazu in den Fersen- oder Schneidersitz (siehe Seite 21 f.) auf deine Ruheinsel. Schließe die Augen, damit du dich besser auf unser Spiel konzentrieren kannst (verbinden Sie Ihrem Kind eventuell die Augen).«

Nebel und Sprühregen

»Ich sprühe dir jetzt ein wenig Nebel und Regen auf deinen linken Handrücken. Ist der Nebel angenehm kühl? Spürst du einzelne Tröpfchen? Jetzt kommt die andere Hand dran. Fühlst du einen Unterschied? Magst du vielleicht auch etwas von dem Nebel in deinem Gesicht fühlen?«

Vorlesetext, der die Empfindungen Ihres Kindes unterstützt

Jetzt kommt der Wind!

»(Pusten Sie sanft über die feuchten Stellen.) Spürst du einen leichten Wind? Was passiert mit deiner Haut, wenn es windig ist? (Nehmen Sie ein Tuch und wedeln Sie damit Wind zu Ihrem Kind hin.) Der Wind wird stärker. Wo spürst du ihn zuerst?«

PRAXIS

Übungsset Wetter

Die wärmende Sonne

Vorlesetext zum Sonnenschein

»*Die Sonne scheint und wärmt die Stellen an deinem Körper, die noch ein bisschen nass sind. (Halten Sie eine Stehlampe über die feuchte Haut.) Wie fühlt sich das an? Stell dir vor, du bist im Urlaub. Du hast gerade lange im Meer geplanscht. Jetzt wärmt die Sonne deinen Körper wieder auf. Genieße die Wärme auf deiner Haut, solange es angenehm für dich ist. Wollen wir die Rollen tauschen?*«

Traumreise ins Regenbogenland

Eine Übung zum Ausruhen

»*Zum Schluss möchte ich dir eine Geschichte erzählen. Schließe dazu die Augen und leg dich ganz bequem auf deine Insel … Stell dir vor, du gehst an einem schönen Sommertag über eine Wiese. Die Sonne scheint, und der Himmel ist klar. Ganz weit hinten am Ende des Weges entdeckst du plötzlich einen Punkt. Du wirst neugierig und schaust näher hin. Du gehst weiter auf diesen Punkt zu. Er wird immer größer, und bald kannst du erkennen, dass er in vielen Farben schillert: Da ist ein Regenbogen am Ende des Weges! Je näher du kommst, desto größer wird er. Jetzt stehst du ganz nah vor ihm. Ein Ende des Regenbogens berührt deinen Weg. Du gehst durch den Regenbogen hindurch und genießt bei jedem Schritt die Regenbogenfarben. Mit dem ersten Schritt steigst du in die rote Farbe des Regenbogens. Alles ist rot. Du fühlst das Rot auf deiner Haut, du atmest es ein. Beim zweiten Schritt gehst du durch das Orange. Auch diese Farbe umhüllt dich wie ein feiner Nebel. Der dritte Schritt führt dich durch das Gelb des Regenbogens. Du nimmst das Gelb in dich auf. Beim nächsten Schritt gehst du durch das Grün. Ein leuchtendes Grün. Ganz zart und durchsichtig. Beim nächsten Schritt berührst du das Blau des Regenbogens. Wie der Himmel hüllt es dich ein. Noch ein Schritt, und du stehst im Violett, atmest die violette Farbe ein …*
Du gehst einen letzten Schritt und stehst nun auf der anderen Seite des Regenbogens. Hat dir eine Farbe besonders gut gefallen? Dann nimm sie wie einen Schleier auf deinen weiteren Weg mit. Hier auf der anderen Seite beginnt das Regenbogenland. Alles schillert bunt in den schönsten Regenbogenfarben: Blumen, Bäume, ja sogar Häuser und Straßen. Spaziere im Regenbogenland umher, solange du willst. Schau dir ruhig alles ganz genau an. Vielleicht hast du ja auch Lust, mit deinem bunten Schleier zu tanzen … Ich lass dir Zeit zum Träumen. Wenn du zurück möchtest, öffne einfach die Augen, reck und streck dich.«

Vorlesetext zum Regenbogenland

Die intensiven Farben mit Worten fühlbar machen

Übungsset Baum

Lassen Sie sich auf das Thema ein

Bäume gehören zu unserem Leben. Bei einem Spaziergang durch den Wald erholen sich Körper und Seele. Das Grün der Blätter tut unseren Augen gut. Wir atmen die frische Luft des Waldes. Sie riecht nach harzigen Baumstämmen, Pilzen und Moos. Wir atmen auf, nehmen die Natur mit allen Sinnen wahr. Bäume halten. Sie halten Dreck und Lärm ab. Sie halten die Erde mit ihren Wurzeln fest. Sie halten das Klima im Gleichgewicht. Nicht zuletzt auch uns, die Waldbesucher. Und Bäume schenken: Schatten, Früchte, Lebensraum.

Wachsen wie ein Baum

Diese Bewegungsübung stimmt Ihr Kind ein

»Stell dir vor, du bist eine Kastanie. Die Kastanie ist die kugelige Frucht des Kastanienbaums. Mach dich also ganz klein und rund … Oh, ein Kind hat dich aufgehoben. Es hält dich, die kleine Kastanie, in der Hand und streichelt dich. Diese Kastanie ist so schön rund und glatt (streicheln Sie über den Rücken Ihres Kindes). Das Kind nimmt die Kastanie mit nach Hause und steckt sie in seinem Garten in die Erde (decken Sie Ihr Kind mit einer weichen, warmen Decke zu). Es ist ganz dunkel in der Erde. Im Frühling erwärmt die Sonne die Erde. Der Kastaniensamen sprengt seine Schale und beginnt zu wachsen. (Begleiten Sie die folgenden Anleitungen pantomimisch:) Entfalte dich langsam. Knie dich hin. Deine Arme sind die ersten zarten Blättchen. Strecke sie der Sonne entgegen. Wachse immer weiter. Das Sonnenlicht gibt dir Kraft. Deine Füße sind die Wurzeln, sie halten sich an der Erde fest. Strecke dich langsam immer weiter der Sonne entgegen.

Vorlesetext zum heranwachsenden Baum

Stolz, einladend, beschützend: Bäume sind wie ein Zuhause.

PRAXIS

Übungsset Baum

Der Baum wird immer höher und kräftiger, mit einem starken Stamm und einer mächtigen Krone. Im Sommer sind alle Blätter entfaltet. Es weht ein Wind, mal leicht, mal kräftig. Er schüttelt die Blätter hin und her. Vielleicht biegen sich die Äste, aber der Stamm und die Wurzeln halten den Baum fest. Im Herbst fallen die Blätter nacheinander ab. Nun wird es ruhig um den Baum. Er zieht sich zum Winterschlaf zurück. Im nächsten Frühjahr entwickelt er wieder seine grüne Blätterpracht.«

Unter den Blättern

Übung zum Entspannen

Das brauchen Sie: viele verschiedene Blätter oder Stücke von Zeitungspapier

Ausgangssituation
Ihr Kind liegt in Rückenlage (siehe Seite 21) auf der Ruheinsel. Sie erzählen, Ihr Kind hört zu.

Vorlesetext: Unter einer Blätterdecke versteckt

»Ruh dich aus. Schließe die Augen. Stell dir vor, du liegst auf dem weichen Waldboden. Immer wenn du ausatmest, sinkst du ein wenig mehr in den Boden ein. Der Kopf sinkt etwas tiefer, die Arme sinken etwas tiefer, dein Rücken sinkt etwas ein, die Beine sinken etwas tiefer. Du wirst nun selbst zu Waldboden. Im Herbst fallen die Blätter ganz sacht zu Boden und decken ihn zu (bedecken Sie den Körper Ihres Kindes mit vielen Blättern oder Schnipseln aus Zeitungspapier). Möchtest du, dass ich auch dein Gesicht bedecke? Nun ist der Waldboden zugedeckt. Ihm wird ganz warm. Er kann Winterschlaf halten.«

Blattmemory

Das brauchen Sie: mehrere Paare unterschiedlicher Blätter

Ausgangssituation
Ihr Kind sitzt im Fersensitz (siehe Seite 22) auf der Ruheinsel. Sie erzählen, Ihr Kind hört zu.

Wahrnehmungsübung

Fühlen, tasten, spüren: Welches Blatt ist das?

Blattmandala

Vorlesetext zum Blätterertasten

Ein Blatt fühlen

»Schließ die Augen (verbinden Sie kleineren Kindern die Augen mit einem Tuch). Ich habe dir ein Geschenk zum Fühlen mitgebracht. Halte die Hände wie eine Schale. Ich lege es jetzt hinein (ein Blatt). Wie fühlt es sich an? Ist es rau, oder glatt? Ist der Rand gezackt oder rund? Wie fühlt sich das Blatt auf deinem Handrücken an – und wie im Gesicht? Riecht es? Reib es ein wenig zwischen den Fingern, so entfaltet es besser seinen Duft.«

Blätter wiedererkennen

Legen Sie rund um Ihr Kind einige Blätter auf den Boden (jeweils zwei sollen sich gleichen).

»Vor dir liegen mehrere Blätter, fühl mal. Immer zwei fühlen sich gleich an. Finde die zusammengehörigen Pärchen. Später kannst du dir alle ansehen und überlegen, zu welchen Bäumen oder Sträuchern sie gehören könnten.«

Was ist ein Mandala?

Ein Mandala ist ein Kreisbild, das gleichmäßig um einen Mittelpunkt angeordnet ist. Es kann nach einer Vorlage gemalt, selbst entworfen oder aus einem Material gelegt werden. Gestalten Sie mit Ihrem Kind ein Mandala aus Blättern. Leise, ruhige Musik unterstützt die Konzentration.

Blattmandala

Das brauchen Sie:
viele Blätter
nach Bedarf zusätzlich einige Ästchen und kleine Steine

Spiel zum Ausruhen

Ausgangssituation

Legen Sie einen Stein als Mittelpunkt auf den Boden.

»*Nimm einige Blätter, Ästchen und Steine. Ordne deine Teile um den Stein hier an, so wie es dir gefällt. Darf ich mitmachen? Dann können wir gemeinsam ein schönes Bild gestalten. Zum Schluss betrachten wir unser Werk in Ruhe. Wollen wir es auch fotografieren?«*

So können Sie draußen spielen

 Führen Sie Ihr Kind beim Spaziergang mit geschlossenen Augen zu einem Baum. Lassen Sie es die Rinde fühlen, den Baum umarmen. Führen Sie es einige Schritte fort. Mit geöffneten Augen soll es den ertasteten Baum wiederfinden.

 Nehmen Sie auf den nächsten Waldspaziergang Zeichenpapier und Bleistifte mit. Legen Sie das Papier auf die Rinde eines Baumes und führen Sie den Bleistift darüber. So entstehen Abdrücke von den unterschiedlichen Rindenmustern. Ihr Kind kann sich diese dann zu Hause noch einmal in Ruhe ansehen.

Noch mehr Ideen für Spiele rund um den Baum

Übungsset Hund

Welches Kind spielt nicht gern Hund! Dieses Übungsset gibt Gelegenheit zum Schmusen.

Hundespaziergang

Bewegungsübung zum Einstimmen

Ihr Kind ist jetzt der Hund. Vereinbaren Sie Kommandos wie »Sitz!« und »Bei Fuß!« Möchte Ihr Kind gern an der Leine gehen, binden Sie ihm einen Schal oder ein Seilchen um den Bauch.

So einen Hund mögen Kinder!

»Wir spielen heute Hund und Herrchen. Ich bin dein Herrchen und führe dich spazieren. Später tauschen wir die Rollen. Also: Geh auf allen vieren. Jetzt wird die Leine festgemacht, und wir gehen raus. Brav bei Fuß! Ein Hund schnüffelt überall herum, er kann gut riechen. Seine Nase sagt ihm, wer gerade über den Weg gelaufen ist. Er schnüffelt: Sind das vielleicht die Fußspuren von unserem Nachbarn? Er findet ein Stöckchen und trägt es eine Weile im Maul. Soll ich es einmal fortwerfen? Hol das Stöckchen! Doch plötzlich riecht er die Spur einer Katze, reißt sich los, und fort ist er! Bei Fuß, komm zurück! Aber nein, er verfolgt die Katze, läuft durch die Pfützen, durch den Matsch, durch einen Bach. Die Katze läuft einen Baum hinauf, und der Hund steht unter dem Baum und bellt. Er kann nicht rauf! Nun komm doch endlich, mein Hund, ich möchte nach Hause! Bei Fuß, sitz! (Tauschen Sie dann).«

Vorlesetext zum Hundespaziergang

Den Hund säubern

»Komm zu mir auf unsere Ruheinsel, mein Hund. Du bist ja ganz schmutzig. Warte, ich klopf dir den Staub aus dem Fell (mit der flachen Hand von oben bis unten ab-

Übung zum Entspannen

PRAXIS
Ein Hundetraum

klopfen). Deine Pfoten sind voller Schlamm. Ich werde sie waschen (pantomimisch Hände und Füße mit einem Wasserschlauch abspritzen, einschäumen, abwaschen und trockenrubbeln). Jetzt bürste ich dein Fell (mit der flachen Hand in langen Bewegungen über den Körper streichen). Braver Hund, du hast so lange stillgehalten (Hals und Schultern klopfen). Jetzt bekommst du einen Knochen.«

Schnüffelmemory

Wahrnehmungsübung

Das brauchen Sie:
Dessertschälchen mit je zwei Riechproben wie Zitrone, Käse, Wurst, Honig, Apfel, Banane
Tuch zum Verbinden der Augen

Vorlesetext zum Memory

»Hunde haben eine gute Nase. Sie können Dinge auf weite Entfernung an ihrem Geruch erkennen. Du bist jetzt auch ein Hund mit einer feinen Nase. Versuche mit geschlossenen Augen einen Geruch zu erkennen. Vor dir stehen mehrere Schälchen. Immer zwei passen zueinander. Finde heraus, welche! Weißt du, was du gerade riechst?«

Ein Hundetraum

Geschichte zum Ausruhen

»Komm her, mein braver Hund, und kuschle dich ganz nah an mich. Schließ die Augen. Mach es dir nach deinem anstrengenden Hundetag so richtig bequem. Roll dich zusammen, ruh dich aus. Du träumst, du bist ein großer, starker Hund mit langem, seidigem Fell. Es macht dir Spaß, herumzutollen und beim Laufen deine Kraft zu spüren. Du läufst übermütig über weite Felder und fühlst den Wind an dir vorbeizischen. Vielleicht siehst du einen Hasen, dem du gern eine Weile hinterherjagst. Immer schneller und schneller, beinahe hast du ihn schon erwischt. Doch der Hase ist geschickt. Er schlägt einen Haken, und schon ist er entwischt. Vielleicht triffst du auch einen anderen Hund, mit dem du deine Kraft messen kannst. Du rennst und tollst mit ihm. Träume von deinen Hundespielen, solange du willst (streicheln Sie Ihrem »Hund« beruhigend über das Fell).«

Das genießt Ihr kleiner Wildfang sicher sehr: eine zärtliche Klopfmassage.

Vorlesetext zum Hundetraum

Übungsset Bauernhof

Ein Bauernhof! Wie viele faszinierende Geräusche und Gerüche da auf ein Kind einströmen! Und all die Tiere, die es dort gibt ...

Wie Tiere laufen

Bewegungsübung zum Einstimmen

Diesem Bauernhofbewohner geht es gut.

»Heute stellen wir uns vor, dass wir auf einem Bauernhof sind. Hier gibt es viele verschiedene Tiere. Jedes bewegt sich auf seine ganz spezielle Art. Komm, wir laufen mal wie die Pferde mit ihren langen, flinken Beinen! Und jetzt sind wir Kühe, etwas schwerfällig. Wir drücken uns mit der Stirn gegenseitig weg. Jetzt laufen wir wie die Schweine: Immer mit dem Rüssel auf dem Boden, wühlen wir uns durch den Schlamm. Ach ja, Hühner gibt es auch noch! Wir picken Körner vom Boden auf. Wir watscheln wie die Enten. Los, lass uns wie die Katze schleichen – und wie ein junger Hund springen. Nun sind wir aber müde. Wir legen uns auf den Rücken und strecken alle viere von uns.«

Vorlesetext: »Wie Tiere laufen«

Ins Heu kuscheln

Übung zum Entspannen

»Stell dir vor, du liegst beim Bauernhof im Heuschober. Hier ist das Heu meterhoch aufgetürmt. Der richtige Ort, um sich zu verstecken oder es sich gemütlich zu machen. Du suchst dir eine Stelle aus, an der dich keiner so schnell finden kann. Dann strampelst du, bis du dir eine runde Kuhle gemacht hast. Mit den Händen formst du den Rand deiner Schlafmulde. Jetzt lässt du dich von einem Stapel Heu in die Kuhle hineinfallen. Oh, das ist schön weich! Vielleicht springst du noch ein paarmal in das Heu hinein, bis du allmählich müde wirst. Du legst dich in deine Kuhle und rollst dich wie eine Katze zu-

Auf dem Bauernhof

Vorlesetext zum Kuscheln

sammen. Ist das schön! Das Heu ist warm und weich. Es riecht nach Gras und Blumen. Atme den Heugeruch tief ein. Du merkst, wie du müde wirst. Mit jedem Atemzug sinkst du ein wenig mehr in das weiche Heu ein: Dein Kopf sinkt ein, die Arme, der Bauch, jetzt der Po. Nun sinken auch deine Beine ins Heu. Genieß deine Schlafkuhle, bis ich dich wecke. Reck und streck dich wie früh beim Aufwachen.«

Tiere raten

Wahrnehmungsübung

»Wir haben vorhin Tiere gespielt. Nun wollen wir welche erraten. Du machst ein Geräusch vor, und ich errate, welches Tier du meinst. Dann wechseln wir: Ich mache das Geräusch, und du rätst.«

Auf dem Bauernhof

Eine Riechgeschichte zum Ausruhen

»Leg dich auf deine Ruheinsel und stell dir noch einmal vor, dass du in deiner gemütlichen Heukuhle liegst. Schließ die Augen und kuschel dich in dein weiches Lager … Stell dir vor, du wärst zum ersten Mal auf einem Bauernhof. Du gehst auf Entdeckungsreise – immer der Nase nach. Du kommst in den Hof und gehst nach links zum Pferdestall. Hier stehen Pferde und Ponys. Du streichelst ein zutrauliches braunes Pony. Du vergräbst

> **TIPP!**
>
> **Tiere raten – noch mehr Ideen**
>
> ▶ Lassen Sie Ihr Kind auch schwierige Tiere erraten: Spatz, Schwalbe, Fliege, Mücke.
> ▶ Wandeln Sie für ältere Kinder das Ratespiel ab: Lassen Sie die Tiere anhand typischer Haltungen erraten.

Vorlesetext: ein Schnupper-Besuch auf dem Bauernhof

deine Nase an seinem Hals unter der langen Ponymähne und atmest den typischen, leicht süßlichen Pferdegeruch ein. Den Schweinestall willst du nur ganz kurz besuchen, da riecht es so stark. Trotzdem gehst du hinein, weil du die neugeborenen Ferkelchen besuchen willst. Nach einer Weile hast du dich an den Geruch gewöhnt. Du gehst über den Hof und streichelst den Hund. Auch er hat einen eigenen Geruch. Den magst du gern. Schließlich kommst du in die Küche. Schon von weitem hast du das frisch gebackene Brot gerochen: ein Duft, der dir das Wasser im Mund zusammenlaufen lässt. Da steht ein Topf auf dem Herd. Die Bäuerin hebt den Deckel hoch, um umzurühren. Der Duft einer leckeren Suppe breitet sich in der Küche aus. Du hast Glück: Die Bäuerin lädt dich zum Essen ein. Suppe mit frischem Brot – mmh, das schmeckt lecker …«

Schritt 3: Spiele selbst kombinieren

Sie haben nun einzelne Spiele und ganze Übungssets kennen gelernt. Vielleicht haben Sie Lust auf mehr bekommen und möchten für sich und Ihr Kind ganz eigene »Übungsreihen« zum Toben, Entspannen, Wahrnehmen und Ausruhen zusammenstellen?
Im folgenden Kapitel finden Sie zahlreiche Übungen, Spiele und Anregungen, die sich optimal zum Kombinieren, Ergänzen und Ausprobieren eignen. Alle Übungen können Sie natürlich auch problemlos mit den bereits bekannten Spielen aus den vorherigen Kapiteln kombinieren.

PRAXIS

Eigene Übungssets zusammenstellen

Sie haben in den letzten Kapiteln erfahren, wie Sie mit Ihrem Kind immer wieder Ruhe im oft stressigen Alltag erleben können. Ihrem Kind sind Stilleübungen vertraut geworden. Bestimmt gefallen ihm die gemeinsamen Entspannungspausen – und Sie bemerken im Alltag jetzt sicher schneller, wann Ihrem Kind etwas Ruhe gut tun würde. Vielleicht möchten Sie auch eine der Übungen abwandeln. Oder Sie suchen noch mehr Anregungen, um Ihre Stillezeiten möglichst intensiv und abwechslungsreich zu gestalten. Dafür bietet dieses Kapitel viele kurze Stilleübungen. Sie können diese einzeln anwenden oder miteinander kombinieren. Die Übungen auf den folgenden Seiten sind nach den Schwerpunkten Bewegen, Entspannen, Wahrnehmen und Ausruhen geordnet.

Noch mehr Ideen zum Kombinieren und Variieren

Die einzelnen Übungen gezielt einsetzen

Beginnen Sie immer mit einer Übung, die der aktuellen Verfassung Ihres Kindes entspricht: Wenn Sie spüren, dass es im Moment Ruhe und Konzentration braucht, so bieten Sie ihm eine Entspannungsübung oder eine Übung zum Ausruhen an. Ist Ihr Kind körperlich angespannt, spielen Sie mit ihm eine Bewegungsübung. Möchten Sie vor allem die Sinne Ihres Kindes ansprechen, eignet sich eine Wahrnehmungsübung besonders gut. Mehr darüber, wie die verschiedenen Übungsarten wirken und wie sie angewendet werden können, erfahren Sie ab Seite 13.

Die richtige Übung finden

> **TIPP!**
>
> ### Übungen kombinieren
>
> Haben Sie den Eindruck, dass Ihr Kind eine längere Entspannungsphase braucht, wählen Sie ein Übungsset aus (ab Seite 44). Oder Sie stellen ein persönliches Übungsset aus zwei oder mehr Übungen zusammen. Dabei können Sie verschiedene Übungen nach Lust und Laune kombinieren. Zum Beispiel folgende Varianten:
> - Bewegungs- und Ruheübung
> - Bewegungs- und Entspannungsübung
> - Wahrnehmungs- und Ruheübung
> - Übungen zum Entspannen, Wahrnehmen und Ausruhen

Aktive Erholung: Bewegungsübungen

Bewegungsübungen helfen vor allem, körperliche Spannungen abzubauen (siehe auch Seite 13). Danach ist Ihr Kind bereit für weitere Entspannungsübungen.

Ampelspiele

Das brauchen Sie:
je einen großen Punkt aus roter, gelber und grüner Pappe

So erklären Sie das Spiel

Vorlesetext zum Ampelspiel

»Schau mal, ich habe hier drei bunte Pappscheiben mit den Farben, die du ja schon von der Verkehrsampel kennst. Und so geht unser Spiel: Du bewegst dich im Raum. Sobald ich die rote Scheibe hochhebe und ROT rufe, hältst du sofort an. Wenn ich dann GELB hochhebe und rufe, läufst du auf der Stelle. Zeige ich die grüne Scheibe und rufe GRÜN, darfst du weiterlaufen.«

So können Sie weiterspielen

▶ Wenn Sie Musik (zum Beispiel einen Walzer) zu dieser Übung einsetzen, hat Ihr Kind sicher Lust zum Tanzen. Sie können dann auch statt zu sprechen einfach die Musik verstummen lassen, wenn Sie eine neue Anweisung geben möchten. Ihr Kind schaut dann, welche Farbkarte Sie gerade hochhalten.

▶ Sie können Ihre Kommandos verändern. Zum Beispiel so: grün = Regentropfen, gelb = Sonne, rot = Wolken
oder: grün = Erde, gelb = Luft, rot = Feuer
oder: grün = Frosch, gelb = Biene, rot = Storch.

▶ Sie können auch gemeinsam Kommandos finden, oder Sie überlassen Ihrem Kind allein die Auswahl der Kommandos.

Einige Variationsmöglichkeiten

> **TIPP!**
>
> **Diese Bewegungsübungen kennen Sie schon:**
>
> - Mit Zauberseife waschen (Seite 34 f.)
> - Baumstamm zersägen und Holz hacken (Seite 35 f.)
> - Erdkontakt spüren (Seite 45)
> - Ein Waschtag (Seite 48 f.)
> - Ein Vulkanausbruch (Seite 52)
> - Blättertanz (Seite 55)
> - Wir spielen Wetter (Seite 58)
> - Wachsen wie ein Baum (Seite 61 f.)
> - Hundespaziergang (Seite 64)
> - Wie Tiere laufen (Seite 66)

PRAXIS

Aktive Erholung: Bewegungsübungen

Balanceakt

Dieses Spiel fördert die Konzentrationsfähigkeit und den Gleichgewichtssinn Ihres Kindes.

Ein Seiltanz ohne Risiko

Das brauchen Sie:
Springseil, langer Faden oder gedachte Linie auf dem Boden

So spielen Sie
Ziehen Sie die Strümpfe aus: Sie sind eine Seiltänzerin. Das Seil ist hoch oben zwischen zwei Bäumen gespannt. Sie und Ihr Kind gehen abwechselnd vorwärts, rückwärts, seitwärts und tanzend über das Seil. Ihr Kind sollte dabei bewusst fühlen, wie es den Fuß aufsetzt und langsam abrollt. Erfinden Sie gemeinsam eine Seilakrobatik.

Werfen, pusten, in die Luft wirbeln – welches Tuch fliegt wohl am höchsten?

Tücherspiele

Das brauchen Sie:
einige leichte Halstücher (vielleicht Jongliertücher)

So spielen Sie
Am besten geht es mit schwungvoller Musik: Werfen Sie ein Tuch hoch, Ihr Kind fängt es auf. Pusten Sie sich gegenseitig das Tuch zu. Werfen Sie so hoch und so weit wie möglich.

So können Sie weiterspielen
▶ Ihr Kind wirft das Tuch hoch und versucht, sich darunter einmal zu drehen oder zu klatschen.
▶ Sie werfen sich gleichzeitig je ein Tuch zu.
▶ Je nach Altersstufe erweitern Sie die Anzahl der gleichzeitig in der Luft schwebenden Tücher.

Bei diesem Balanceakt machen auch Fehltritte Spaß!

PRAXIS
Große Yoga-Uhr

Die Yoga-Uhr zeigt's: Es ist schon 5 Uhr!

Große Yoga-Uhr

Leiten Sie Ihr Kind zu der Übung an, indem Sie selbst dabei mitmachen, während Sie erklären.

So spielen Sie
Vorlesetext zur Yoga-Uhr

»Stell dich mit leicht gegrätschten Beinen aufrecht auf den Boden. Streck deine Arme ganz weit nach oben. Die Fersen bleiben auf dem Boden. Strecke dich einige Atemzüge lang immer weiter nach oben zum Himmel hin. Nun stell dir vor, du bist eine große Standuhr und deine Arme sind die Uhrzeiger. Lass deine Arme mehrmals im Uhrzeigersinn kreisen. Geht es auch andersherum? Jetzt sind wir beide noch größere Uhren. Die Zeiger bestehen aus den Armen und unserem Oberkörper. Die Zeiger bewegen sich ganz langsam (aus der Hüfte heraus drehen). Jetzt beginnen wir zu spielen: Die Zeiger stehen auf 3 Uhr … auf 6 Uhr … und nun auf 12 Uhr.«

Variante für größere Kinder
»Wann möchtest du gern ein- und ausatmen? Finde deinen Rhythmus. Stell deine Zeiger auf zehn vor acht, viertel nach vier …«

Das macht größeren Kindern Spaß

Achter rollen

Das brauchen Sie:
zwei Holzkugeln oder Bälle

Ausgangssituation
Beide sitzen sich eine Armlänge voneinander entfernt im Fersensitz (siehe Seite 22) gegenüber. Jeder hat eine Kugel in der Hand.

> **WICHTIG**
>
> ### Kinesiologie – was ist das?
> Die meisten Bewegungsspiele auf diesen Seiten sind kinesiologische Übungen. Dabei werden die rechte und linke Gehirnhälfte sowie auch beide Körperseiten in Einklang gebracht. So können im Gehirn Stressblockaden abgebaut werden – und Ihrem Kind fällt das Lernen leichter. Besonders bei Lese- und Schreibschwierigkeiten wirkt Kinesiologie. Auch Erwachsenen helfen kinesiologische Übungen, um den Gedankenstrom wieder in Fluss zu bringen.

Aktive Erholung: Bewegungsübungen

Die Kugel rollt im Kreis
»Zuerst führt jeder seine Kugel um sich selbst herum. Dazu rollen wir sie mit einer Hand im weiten Bogen um uns, machen mit der zweiten Hand weiter, bis die Kugel wieder da ist, wo sie am Anfang war. Das tun wir ein paarmal. Dann versuchen wir, die Kugel auch mal andersherum rollen zu lassen.«

Kugel auf der großen Bahn
»Jetzt versuchen wir, miteinander zu spielen. Ich rolle die Kugel hinter mir lang. Wenn sie wieder vor mir angekommen ist, rolle ich sie von meiner rechten Hand zu deiner linken Hand. Du rollst hinter deinem Rücken die Kugel zur rechten Hand. Dann roll sie zu meiner linken Hand. (Danach in die andere Richtung.)«

Das schult die Konzentration: Achter rollen.

Kugel auf der »Achterbahn«
»Ich führe eine Kugel hinter meinem Rücken um mich herum und rolle sie dann von meiner rechten Hand schräg zu dir hinüber zu deiner rechten Hand. Von dort rollt die Kugel hinter deinem Rücken in die linke Hand, wird wieder nach vorn geführt und von deiner linken Hand schräg zu meiner linken Hand. So beschreibt die Kugel eine große Acht. (Auch andersherum probieren.)«

Vorlesetext zum Achterrollen

Variante für größere Kinder
Älteren Kindern macht es sicher Spaß, wenn Sie den Abstand zwischen sich und Ihrem Kind immer mehr vergrößern oder mit zwei Kugeln gleichzeitig spielen.

Die Acht malen

»Stell dich mit leicht gegrätschten Beinen hin. Streck den rechten Arm in Augenhöhe gerade nach vorn. Nun male mit dem Arm vor deinen Augen eine Acht in die Luft. Sie liegt quer vor dir. Der Punkt, an dem sich die Linien der Acht kreuzen, ist genau vor deiner Nase. Es ist wichtig, dass du mit deinem Blick immer deiner Handbewegung folgst. Zuerst ist die liegende Acht noch ganz klein. Jetzt lass nach einigen Schwüngen die Acht immer größer werden. Stell dir dabei vor, du malst die Acht

Vorlesetext beim Malen der Acht

PRAXIS
Goldstaub abklopfen

Konzentriertes Tun, das entspannt: große Achten malen.

mit einem dicken Pinsel an die Wand. Ist sie blau, rot oder gelb? Oder wechselt die Farbe? Die Achten werden wieder kleiner. Wir lassen den Arm sinken und malen jetzt mit der linken Hand genauso.«

Weitere Ideen
▶ Ihr Kind malt die Achten auf ein Blatt Papier.
▶ Die Acht mit Straßenkreide auf Pflastersteine malen.

Goldstaub abklopfen

Sie klopfen bei dieser Massage an den Meridianen (Energiebahnen des Körpers) entlang. Dabei werden Energien aktiviert sowie Körper und Geist erfrischt.

Das erzählen Sie dabei
»Wir stehen uns gegenüber und stellen uns vor, dass eine goldene Staubwolke immer näher auf uns zukommt. Sie hüllt uns vollkommen in Goldstaub ein. Dann zieht sie weiter. Wir genießen es eine Weile, dass wir über und über mit Gold bedeckt sind. Doch dann wollen wir den Staub wieder loswerden. Wir klopfen uns ab: Zuerst klatschen wir in die Hände, dann klopfen wir mit der flachen rechten Hand den linken Arm ab: an der Innenseite nach oben, außen wieder runter (2-mal wiederholen). Wir klopfen uns fest auf die Schulter. Uiih, wie das staubt und funkelt! Nun klopft die linke Hand auf die rechte Schulter, an der Außenseite des rechten Armes nach unten und innen nach oben (2-mal wiederholen).«

Vorlesetext zum »Goldstaubabklopfen«

Weiter geht's in Stichworten
▶ Haare entstauben
Gesicht entstauben
▶ am Rücken entlang abwärts an den Beinaußenseiten nach unten (3-mal)
▶ an den Innenseiten der Beine nach oben (3-mal)
▶ über die Leisten links und rechts am Nabel vorbei bis über das Brustbein nach oben
▶ am Brustbein verweilen: etwa 1 Minute lang abklopfen
▶ 1-mal tief ein- und ausatmen
Jetzt sind wir wach!

Ganz ruhig werden: Entspannungsübungen

Bei den in diesem Buch vorgestellten Entspannungsübungen liegt Ihr Kind mit geschlossenen Augen auf dem Rücken – in dieser Haltung können Körper und Geist zur Ruhe kommen. Ihr Kind beginnt, seine Atmung bewusst wahrzunehmen.
Viele Entspannungsübungen bieten auch Gelegenheit für liebevolle Berührungen, zum Schmusen und Streicheln (siehe auch Seite 13 f.).

Ballmassage

Beruhigende Streicheleinheiten

Die Wirkung dieser Massage können Sie durch eine beruhigende, entspannende Musik im Hintergrund unterstützen (Empfehlungen siehe Anhang Seite 94).

Das brauchen Sie:
Tennisball oder handlichen Kinderball

So massieren Sie
Ihr Kind liegt bäuchlings auf einer Decke. Setzen Sie sich seitlich der Schultern Ihres Kindes bequem auf den Boden. Nach einigen entspannenden tiefen Atemzügen legen Sie den Tennisball auf den Schulterbereich Ihres Kindes. Beginnen Sie, den Ball mit der flachen Hand in Kreisen über den Rücken zu führen. Unterhalten Sie sich dabei mit Ihrem Kind nur über die Art der Massage: Ist die Berührung angenehm, zu fest oder zu leicht durchgeführt? Ihr Kind soll die Massage pur, also diesmal ohne eine ergänzende Geschichte genießen. Massieren Sie als Erstes den Schulter- und Nackenbereich, da dieser oftmals verspannt ist.

Dem Ball bewusst nachspüren

> **TIPP!**
>
> **Diese Entspannungsübungen kennen Sie schon:**
>
> - Muskeln bewusst entspannen (Seite 29 ff.)
> - Haltung und Atem finden (Seite 31 ff.)
> - Spiel mit dem Kneteball (Seite 46)
> - Der Wasserfall (Seite 49)
> - Das innere Feuer (Seite 52)
> - Fühle deinen Atem (Seite 56)
> - Gewittermassage (Seite 59)
> - Unter den Blättern (Seite 62)
> - Den Hund säubern (Seite 64 f.)
> - Ins Heu kuscheln (Seite 66 f.)

PRAXIS
Plätzchen backen
77

Plätzchen backen

Ausgangssituation
Ihr Kind liegt in Bauchlage auf seiner Ruheinsel. Sie streichen und kneten seinen Rücken mit kräftigen Handbewegungen, während Sie ihm die folgende Geschichte erzählen: vom Teigkneten und Plätzchenbacken.

Eine amüsante Rückenmassage

Das erzählen Sie dabei
»Heute wollen wir Plätzchen backen. Leg dich dazu bequem auf den Bauch. Ich sitze neben dir und bin der Bäcker. Zuerst machen wir mal den Backtisch richtig sauber (mehrmals mit der flachen Hand über den Rücken wischen). So. Jetzt kommen das Mehl, der Zucker, die Butter und verschiedene Gewürze auf den Tisch. Alles wird kräftig umgerührt und mit den Händen gut durchgeknetet. Der Teig ist nun eine dicke Kugel geworden, die ich noch mal ganz schön lange kneten muss. Jetzt nehme ich etwas von dem Teig. Ich rolle das Teigstück auf meinem Backtisch aus (in langen Bewegungen über den Rücken streichen). Mit meinen Plätzchenformen steche ich nun viele Plätzchen aus: Sterne, Herzen, Blumen (die genannten Formen mit dem Finger auf den Rücken des Kindes malen) … Ich lege die Plätzchen vorsichtig auf ein Backblech. Das schiebe ich

Vorlesetext zum »Plätzchenbacken«

Die Ballmassage macht Spaß und tut gut.

Körperbereiche, die Sie außerdem massieren können
▶ den Rücken seitlich neben der Wirbelsäule auf- und abwärts
▶ die Pomuskulatur
▶ die Beine einzeln nacheinander abwärts bis zum Fuß
▶ Fußsohlen und Zehen
▶ nacheinander beide Beine vom Fuß bis zum Oberschenkel
▶ beide Arme von den Händen bis zu den Schultern
▶ zum Schluss streichen Sie Ihrem Kind mit beiden Händen zärtlich über die Haare.
▶ Wechseln Sie zwischendurch die Seite: Sie sollten einmal links, einmal rechts neben Ihrem Kind sitzen. Nach einer kleinen Ruhepause möchte Ihr Kind Sie vielleicht auch einmal mit einer solchen Massage verwöhnen.

PRAXIS

Ganz ruhig werden: Entspannungsübungen

Backen mit Fantasie

jetzt in den Ofen (den Rücken des Kindes mit einer Decke zudecken). Es wird sehr heiß im Ofen. Nach einer Weile beginnen die Plätzchen herrlich zu duften. Endlich ist es so weit! Ich hole das Blech aus dem Ofen heraus, puste die Plätzchen ein wenig kühl und esse alle auf (knabbern Sie zärtlich am Rücken Ihres Kindes). Mmh, lecker!«

So können Sie weiterspielen
▶ Lassen Sie sich von Ihrem Kind die Plätzchen nennen, die Sie »ausstechen« sollen.

Besuch im Zoo

Abenteuerliche Rückenmassage

Ausgangssituation
Ihr Kind liegt in Bauchlage auf seiner Ruheinsel. Sie streichen mit den flachen Händen über den ganzen Rücken Ihres Kindes. Während Sie Tiergeschichten erzählen, ahmen Ihre Finger die Fortbewegungsart der Tiere nach. Klopfen, streichen oder krabbeln Sie mit Ihren Fingern über den Rücken Ihres Kindes.

So beginnen Sie
»Leg dich in Bauchlage auf deine Ruheinsel. Stell dir vor, wir sind im Zoo. Dein Rücken ist eine Wiese. Ich streiche sie mit den Händen glatt. Heute dürfen alle Tiere aus ihren Käfigen und Häusern kommen und im ganzen Zoo spazieren gehen. Zuerst kommt ganz langsam und bedächtig ein Elefant (die ganzen Handflächen langsam auf dem Rücken abrollen). So, jetzt muss ich die Wiese wieder glatt streichen. Nun hüpft ein Känguru darauf entlang (nach jedem Tier wieder glatt streichen). Jetzt geht ein Affe auf Händen und Füßen über die Wiese und nun eine Antilope mit langen flinken Beinen. Ein Tiger schleicht hier entlang. Oh, da kommt ja eine Robbe! Schwerfällig rutscht sie auf ihrem Bauch voran. Herr und Frau Pinguin watscheln vorbei. Ein Flamingo stelzt, viele kleine Wüstenspringmäuse hüpfen ... ein großer brauner Bär tappt ... eine dicke Schlange schlängelt sich vorwärts ... Und nachts huschen die Fledermäuse über die Wiese.«

Vorlesetext zum Besuch im Zoo

Wolke einatmen

Diese Entspannungsübung verstärkt die tiefe, ruhige Atmung Ihres Kindes. Es spürt jeden Teil seines Körpers ganz bewusst. Die »eingeatmete Farbe« fließt in seiner Vorstellung durch den ganzen Körper hindurch. Dabei werden körperliche und seelische Verspannungen weggeschwemmt.

Entspannen mit Hilfe der Vorstellungskraft

PRAXIS
Wolke einatmen

So beginnen Sie

»Leg dich mit dem Rücken auf deine Decke. Versuche, ganz genau zu spüren, mit welchen Körperteilen du den Boden berührst. Leg dich ruhig noch ein bisschen bequemer hin. So. Nun schließe deine Augen. Du atmest ruhig ein und aus ... ein und aus.«

Die Wolke kommt

Vorlesetext zum Entspannungsspiel mit der Wolke

»Ganz weit hinten in der Ferne entdeckst du einen kleinen Punkt. Du bemerkst, wie er langsam immer größer wird. Er kommt direkt auf dich zu, wird größer und größer, und du siehst, dass es eine Wolke ist. Sie schwebt ganz langsam auf dich zu und macht genau vor deiner Nase Halt. Die Wolke hat sogar eine Farbe: deine Lieblingsfarbe. Such dir in Ruhe eine passende Farbe aus. Das kann Gelb, Orange, Rosa, Grün oder Blau sein. Deine Wolke sieht toll aus: als wäre sie aus weicher, bunter Zuckerwatte in deiner Lieblingsfarbe gemacht.«

Und nun die Wolke einatmen

»Du beginnst, die Farbe der Wolke in dich hineinzuatmen. Mit jedem tiefen Atemzug ziehst du die Farbe durch die Nase in deinen Körper. Die Farbe breitet sich überall in dir aus. Sie fließt in deine Lunge, in deinen Bauch, in deine Beine, in deine Füße, in deine Arme, in deinen Kopf. Jetzt ist so viel Farbe in dir, dass sie alles ausfüllt und schließlich an den Fingern und den Zehenspitzen wieder herausfließt.«

Ausschwemmen

»Die Farbe fließt durch dich hindurch – und auch wieder heraus. Dabei spült sie alles aus dir heraus, was dich gerade stört oder bedrückt. Ärger oder Zank mit anderen Kindern. Ärger in der Schule (im Kindergarten) ... alles Unangenehme fließt heraus ... Genieße nun eine Weile, wie die Farbe durch deinen Körper fließt – bis du genug hast.«

Die Entspannung zurücknehmen

»Atme ein paarmal tief ein und aus. Bewege die Arme und Beine. Reck und streck dich kräftig, so wie morgens beim Aufwachen. Vielleicht möchtest du auch gähnen?«

Die Übung allmählich beenden

> **TIPP!**
>
> ### So helfen Sie kleineren Kindern beim Entspannen
>
> ▶ Ist Ihr Kind noch zu klein, um sich länger zu konzentrieren, kürzen Sie die Entspannungsübungen um etwa die Hälfte.
> ▶ Beobachten Sie außerdem die geschlossenen Augenlider Ihres Kindes: Sobald sie unruhig flattern, geben Sie den nächsten Impuls.

PRAXIS 80

Für alle Sinne: Wahrnehmungsspiele

Oooops, gar nicht so einfach, diese Murmel unter Kontrolle zu behalten!

Ihr Kind begreift die Welt durch Sehen, Schmecken, Riechen, Tasten und Hören. Wahrnehmungsübungen sprechen alle seine Sinne an: (siehe auch Seite 14 f.).

Murmelspiele

Bei dieser Übung muss Ihr Kind Augen- und Handbewegungen koordinieren (siehe auch Kasten Seite 73).

Ausgangssituation
Ihr Kind sitzt im Schneider- oder Fersensitz (siehe Seite 21 f.). Seine Augen sind geschlossen, die Hände bilden eine Schale.

Das brauchen Sie:
einen Suppenteller
mehrere Murmeln

Fühle die Murmel

Vorlesetext zu den Murmelspielen

»Ich lege dir eine kleine Überraschung in die Hände (eine Murmel). Fühle es, ohne die Augen zu öffnen. Fühle mit den Fingerspitzen ... mit der ganzen Handfläche ... mit der rechten Hand ... mit der linken ... roll ihn zwischen beiden Händen. Wie fühlt sich das geheimnisvolle Geschenk an?«

TIPP!

Diese Wahrnehmungsübungen kennen Sie schon:

- Atemspiele (Seite 33)
- Glasmusik (Seite 37)
- Erde, Sand und Steine (Seite 46 f.)
- Wasser und Eis (Seite 49 f.)
- Feuertanz (Seite 54)
- Seifenblasenspiele (Seite 56)
- Das Wetter fühlen (Seite 59 f.)
- Blattmemory (Seite 62 f.)
- Schnüffelmemory (Seite 65)
- Tiere raten (Seite 67)

PRAXIS
Zeitungsspiele

Die Murmel kreist

Vorlesetext zur kreisenden Murmel

»Öffne jetzt die Augen: Die Hände sind wieder eine Schale: Lass die Murmel darin rollen. Sie soll nicht runterfallen. Probier das Gleiche mit einem Suppenteller. Balanciere den Teller mit beiden Händen, ohne dich abzustützen. Kannst du die Murmel auch einmal andersherum kreisen lassen? Jetzt wird's schwieriger: Ich lege noch eine Murmel auf den Teller. Die beiden spielen jetzt Fangen. Welche ist schneller?«

So können Sie weiterspielen

▶ Murmeln gerade über den Teppich rollen
▶ eine andere Murmel in einiger Entfernung mit der eigenen Murmel treffen
▶ Murmel eine Schräge herunterkullern lassen

Spielideen für ältere Kinder

So werden die Spiele noch interessanter

▶ Fragen Sie Ihr Kind beim Fühlen der Murmel genau nach seinen Empfindungen, zum Beispiel: Welcher Finger kann am besten fühlen? Fühlt die rechte Hand genau dasselbe wie die linke?
▶ Gestalten Sie die Murmelbahn etwas anspruchsvoller: Nehmen Sie einen flachen Teller statt des Suppentellers. Fügen Sie mehrere (vielleicht auch unterschiedlich große) Murmeln zu der ersten Murmel hinzu.

Zeitungsspiele

Bei diesem Spiel spürt Ihr Kind deutlich seinen Atem. Es lauscht aufmerksam den Geräuschen, die es selbst verursacht. Es kann innere Spannungen ausdrücken und sich entspannen.

Das brauchen Sie:
für jeden ein großes Doppelblatt aus einer Tageszeitung

Ausgangssituation

Sie sitzen sich am Boden gegenüber, jeder mit einer Zeitungsseite.

So erklären Sie das Spiel

»Heute wollen wir ausprobieren, was wir mit einer Zeitung alles machen können. Zuerst falten wir sie mal auseinander. Wir schwen-

Zeitunglesen bildet – und Zeitungsspiele entspannen.

PRAXIS
Für alle Sinne: Wahrnehmungsspiele

ken sie auf und ab, fächeln uns gegenseitig Wind zu. Wir halten die Zeitung in Kopfhöhe und pusten dagegen. Erst ganz vorsichtig, so dass sie sich nur wenig bewegt. Jetzt kräftiger. Wir pusten so fest wir können und lassen die Zeitung mit unserem Atem flattern.«

So können Sie weiterspielen

Probleme spielend loswerden

▸ gegen die Kante der Zeitung pusten, um Töne zu erzeugen
▸ langsam schmale Streifen von der Zeitung abreißen, bis sie ganz zerrissen ist
▸ alle Schnipsel auflesen und einen dicken Ball daraus formen
▸ diesen fest zusammendrücken und allen Ärger hineinkneten
▸ einander den Ball zuwerfen
▸ zum Schluss den Ball über die Schulter nach hinten werfen und damit symbolisch all seinen Ärger loswerden

Fußfühlstraße

Vertrauen und Verantwortung spielerisch üben

Bei diesen Spielen übt Ihr Kind, mit verbundenen Augen zu vertrauen. Es spürt ganz bewusst seine Füße, nimmt über sie Kontakt zum Boden auf und erdet sich (siehe auch Seite 45). Es trainiert mit geschlossenen Augen seinen Gleichgewichtssinn. Als führender Partner lernt Ihr Kind, Verantwortung für eine andere Person zu übernehmen.

Das brauchen Sie:
viele Kissen, Tücher, Lappen, Decken, Fußmatten
Tuch zum Verbinden der Augen

Ausgangssituation
Legen Sie eine »Straße« aus Kissen durch Ihr Wohnzimmer. Zwischen zwei Kissen ist jeweils ein etwa fußbreiter Abstand. Spielen Sie mit nackten Füßen.

Neue Erfahrung für kleine Füße
»Meist sind unsere Füße ja in Schuhen und Strümpfen einge-

Augen zu! Jetzt sollen nur die Füße »sehen«.

PRAXIS

Im Zirkus

Vorlesetext beim Laufen auf der Fußfühlstraße

sperrt. Heute spielen wir mit nackten Füßen, damit die auch mal ganz intensiv fühlen können. Nun freuen sie sich über die frische Luft. Die Fußsohlen und Zehen sind sehr empfindlich und können gut tasten. Wie gut deine und meine das können, wollen wir heute herausfinden. Ich verbinde dir die Augen, damit du dich besser auf deine Füße konzentrieren kannst.«

Über Berge und durch Täler
»Ich führe dich an der Hand. Wir stellen uns vor, die Kissen sind Berge. Versuche, nur auf die Berge zu treten. Taste dich dazu mit den Füßen vor und setze sie langsam auf … In der nächsten Runde trittst du nur in die Täler.«

Legen Sie nun eine andere Fußfühlstraße aus unterschiedlichen Materialien. Verwenden Sie dafür Fußmatten, Putzlappen, Stoffe, Decken, Pullover, Seidentücher oder Ähnliches.

Wie fühlt sich das denn an?

Vorlesetext: Unterschiede erspüren

»Die zweite Fußstraße besteht aus Abschnitten, die sich ganz unterschiedlich anfühlen. Wieder führe ich dich langsam diese Straße entlang. Bleib auf jedem Material stehen und spüre es ganz genau mit deinen Fußsohlen. Wie fühlt es sich an? Kalt oder warm? Kratzig oder weich? Und welche Stelle mögen deine Füße am liebsten?«

So können Sie weiterspielen
▶ Lassen Sie sich zur Abwechslung auch einmal selbst mit verbundenen Augen von Ihrem Kind auf der Fußfühlstraße entlangführen. Kinder übernehmen gern einmal die Spielführung.
▶ Wenn genügend Material für jeweils zwei »Exemplare« vorhanden ist, spielen Sie ein »Fußfühlmemory«: Führen Sie Ihr Kind zu einem bestimmten Material. Es soll sich merken, welches Gefühl es an den Füßen hatte, als es das Material berührte. Dann geht Ihr Kind so lange über die anderen Fühlfelder, bis es das passende Gegenstück ertastet.

Noch mehr Ideen für Fußspiele

Im Zirkus

Das brauchen Sie:
zwei unterschiedliche Klanginstrumente (zum Beispiel Trommel und Glöckchen oder Händeklatschen und Klanghölzer)
ein kleines Seil

So erklären Sie das Spiel
»Heute spielen wir Zirkus. Ich bin abwechselnd der Zirkusdirektor und der Zauberer. Als Zirkusdirektor stelle ich unserem Publikum die verschiedenen Tiere und Akrobaten vor. Mich erkennst du am Klang der Trommel (oder am Händeklatschen). Sobald du die Trommel hörst, verwandelst du

Vorlesetext zum Zirkusspiel

PRAXIS

Für alle Sinne: Wahrnehmungsspiele

Tiere in der Manege – gefährlich, geschickt oder putzig

dich in eine Zirkusfigur. Du bewegst dich oder springst – so wie das Tier, als das ich dich ankündige. Nach einer Weile bin ich dann der Zauberer Simsalabim und verzaubere dich in einen tiefen Schlaf. Du erkennst mich am Klang der Glocke (oder der Hölzer).«

Der wilde Tiger

»Ich bin jetzt der Zirkusdirektor: Meine Damen und Herren, sehr verehrtes Publikum! Ich möchte Ihnen meinen wilden Tiger vorstellen! (Trommel) Der Tiger bleibt auf seinem Platz sitzen … er droht mit den Pfoten … er faucht wild. Und jetzt hoch mit dir auf die Hinterbeine!«

Das lustige Eichhörnchen

»Jetzt bin ich der Zauberer: (Glocke) Der Tiger wird in einen tiefen Schlaf gezaubert und legt sich auf seine Decke (Glocke). Und jetzt wird der schlafende Tiger in ein Eichhörnchen verzaubert (Glocke).
Zirkusdirektor: (Trommel) Meine Damen und Herren! Sie sehen nun das lustige Eichhörnchen. Es musste viele Stunden üben. Nun kann es besonders weit hüpfen. Und hopp und hopp und hopp!«

So macht Aufmerksamkeit Spaß

Der bedächtige Elefant

»Zauberer: (Glocke) Das Eichhörnchen wird nun auch in einen tiefen, tiefen Schlaf gezaubert …

Jetzt verwandle ich es in einen Elefanten (Glocke). Sehen Sie nur, wie der Elefant seinen schweren Kopf und den Rüssel im langsamen Schritt hin und her wiegt.
Zirkusdirektor: (Trommel) Verehrtes Publikum, Sie bewundern nun unseren indischen Elefanten. Er kann auch rückwärts gehen.«

Der geschickte Akrobat

»Zauberer: (Glocke) Der Elefant wird nun auch in den Schlaf gezaubert. Jetzt verwandle ich ihn in einen Akrobaten (Glocke).
Zirkusdirektor: Verehrtes Publikum, Sie sehen nun die Kunststücke unseres Akrobaten aus China (Trommel). Er schlägt viele Purzelbäume … (Trommel) er springt so hoch er kann … (Trommel) er balanciert über ein Seil.«

Manege frei! Hier ist eine ganze Schar von wilden Tieren los!

PRAXIS

Spiele mit Kastanien

Schlussrunde
»*Unsere Vorstellung ist nun beendet (Trommel). Die Künstler verbeugen sich vor dem Publikum. Vielen Dank und auf Wiedersehen!*«

So können Sie weiterspielen
▶ Pferdekunststücke
▶ Jonglieren mit Tüchern
▶ Clownerien

So helfen Sie kleineren Kindern
▶ Wenn Ihr Kind noch nicht so viele Tierbewegungen kennt, spielen Sie ihm als Zirkusdirektor die charakteristischen Bewegungen der aufgerufenen Tiere vor.

Spiele mit Kastanien

Wahrnehmen – und dem Körper Gutes tun

Das Kastanienrollen wirkt wie das chinesische Qigong, bei dem zwei klingende Metallkugeln kreisend in einer Hand bewegt werden. Das fördert die Fingerfertigkeit. Gleichzeitig werden durch den Druck der Kastanien Nerven an Handfläche und Fingern aktiviert. Da die Nervenbahnen durch den ganzen Körper verlaufen, wird dessen Energie angeregt und harmonisiert. Darüber hinaus werden die körpereigenen Abwehrkräfte mobilisiert.

Das brauchen Sie:
mehrere Kastanien (oder Nüsse) in einem Waschlappen

Ausgangssituation
Das Kind sitzt im Schneider- oder Fersensitz (siehe Seite 21 f.) auf der Ruheinsel. Seine Augen sind geschlossen, die geöffneten Hände bilden eine Schale.

So erklären Sie das Spiel
»*Setz dich im Schneider- oder Fersensitz auf deine Ruheinsel. Schließ die Augen und öffne deine Hände wie eine Schale. Ich lege dir jetzt etwas zum Fühlen hinein (mit Kastanien gefüllter Waschlappen). Greif noch nicht in den Beutel hinein. Fühle von außen, wie es sich anfühlt. Was könnte darin sein? Halt es an dein Ohr und schüttel es hin und her. Was für ein Geräusch entsteht?*«

Vorlesetext zum Kastanienspiel

Eine Kastanie ertasten
»*Nun greife hinein. Was fühlst du? ... Oh, das sind ja Kastanien, schau mal! Nimm eine Kastanie heraus und fühle sie mit der rechten Hand ... mit der linken ... der Handfläche ... dem Handrücken ... an der Wange ...*«

Kastanienrollen
»*Nimm jetzt zwei Kastanien in eine Hand und versuche einmal, sie umeinander kreisen zu lassen, indem du einfach nur deine Finger bewegst ... jetzt mal andersherum ... und nun versuche mit der anderen Hand genau das Gleiche zu tun.*«

Vorlesetext zum Kastanienrollen

Für alle Sinne: Wahrnehmungsspiele

So können Sie weiterspielen
▶ Zielkullern: Wer trifft mit seiner Kastanie ein bestimmtes Ziel (eine andere Kastanie)?
▶ Was magst du noch aus Kastanien bauen (Mauer, Kreis …)?

Dinge tasten und malen

Das brauchen Sie:
Haushalts- oder Spielgegenstände
Papier und Buntstifte

So erklären Sie das Spiel
»Setz dich auf deine Ruheinsel und halte deine Hände auf dem Rücken. Ich lege dir einen Gegenstand in deine Hände. Du ertastest ihn, ohne zu schauen. Was könnte das für ein Gegenstand sein?«

Vorlesetext zum Tasten und Malen

Variante für ältere Kinder
»Halt den Gegenstand in einer Hand auf dem Rücken. Mit der anderen Hand versuchst du, ihn so genau wie möglich zu malen. Stell dir dabei auch die Farben vor. Hinterher schauen wir nach, ob sie passen.«

Geräuschmemory

An diesem Achtsamkeitsspiel werden Sie immer wieder Freude haben, ob mit der Familie oder mit Freunden Ihres Kindes. Das Spiel funktioniert nur, wenn alle wirklich ganz leise sind. Es fördert deshalb das aufmerksame Zuhören und die Konzentration.

Das brauchen Sie:
viele leere Filmdosen (eventuell im Fotogeschäft danach fragen)
Gegenstände zum Füllen der Dosen (Pfennige, Sand, Reis, Nägel, Muscheln, Murmeln …)

So stellen Sie das Spiel her
▶ Je zwei Filmdosen werden etwa zur Hälfte mit dem gleichen Material gefüllt. Hören Sie im »Rappeltest« (mehrere Dosen schütteln), ob sich das neue Geräusch eindeutig von dem der bereits hergestellten Dosen unterscheidet. Dose verschließen.

Ein Memory selbst herstellen

So spielen Sie
▶ Stellen Sie die gefüllten Filmdosen vor sich auf. Jeder Spieler schüttelt zwei Döschen und stellt sie dann wieder an ihren Platz zurück. Erkennt ein Spieler zwei gleich klingende Dosen, darf er diese nehmen. Sieger ist, wer die meisten Paare gefunden hat.

Weitere Ideen
▶ Ein Geruchsmemory basteln Sie, indem Sie die Dosen mit verschiedenen Gewürzen füllen. Sie können auch Aromaöle auf etwas Watte träufeln. Gut verschlossen halten sich diese etwa ein 1 Jahr.

Und hier noch ein Spiel für die Nase

Entspannendes Finale: Übungen zum Ausruhen

Eine Ruheübung schließt ein Set von mehreren Stilleübungen optimal ab. Traumreisen und andere Spiele zum Ausruhen können Ihrem Kind aber auch den Übergang von einem aufregenden, abwechslungsreichen Tag in eine erholsame Nacht verschönern (siehe Seite 14 und Seite 37 ff.).

Für Ihre Traumreisen ...

So helfen Sie Ihrem Kind zu entspannen

Sie haben bereits erfahren, was Sie bei einer Traumreise beachten sollten (siehe Kasten Seite 38). Zu Beginn einer solchen Fantasiereise liegt Ihr Kind entspannt auf seiner Ruheinsel. Sie können mit ihm kuscheln. Lassen Sie es bewusst den Kontakt zum Boden fühlen. Lenken Sie seine Aufmerksamkeit auf seinen Atem. Ihr Kind sollte die Augen möglichst schließen, damit es den von Ihnen erzählten Rahmen der Traumreise besser mit eigenen Erlebnissen füllen kann. Streicheln Sie Ihrem Kind während der Traumgeschichte beruhigend über den Rücken und die Haare. Probieren Sie aus, ob Ihr Kind gern bei sehr leiser, ruhiger Musik träumt (Musikempfehlungen im Anhang Seite 94).

Der Sonnenstrahl

Vorlesetext zur Reise auf dem Sonnenstrahl

»Stell dir vor, du liegst auf einer Wiese. Hier wachsen die schönsten Blumen in allen Farben. Du streckst dich gemütlich aus. Das Gras ist sehr weich unter dir, fast so wie dein Bett. Du spürst deinen Atem, wie er ein- und ausströmt. Ein und aus ... Atme einmal tief ein: Dann riechst du den Duft des Grases, der Blumen, der Erde. Die Sonne scheint warm auf deinen Bauch. Ein leichter Wind kühlt dir dein Gesicht. Du fühlst dich so wohl hier, dass du bald zu träumen anfängst ... Doch irgendetwas kitzelt an deiner Nase. Du scheuchst das Etwas mit der Hand

> **TIPP!**
> **Diese Ruheübungen kennen Sie schon:**
>
> - Reise auf die Trauminsel (Seite 37 ff.)
> - Der Zauberstein (Seite 47)
> - Kuscheln und Malen (Seite 50)
> - Tag am Lagerfeuer (Seite 54)
> - Seifenblasenflug (Seite 57)
> - Traumreise ins Regenbogenland (Seite 60)
> - Blattmandala (Seite 63)
> - Ein Hundetraum (Seite 65)
> - Auf dem Bauernhof (Seite 67)

Entspannendes Finale: Übungen zum Ausruhen

Ein Sonnenstrahl verführt zum Träumen

fort … doch da ist es schon wieder! Es kribbelt und kitzelt und lässt dich nicht in Ruhe träumen. Oh, es ist ein kleiner Sonnenstrahl, der genau auf deine Nase scheint! Er kitzelt so sehr, dass du laut niesen musst. Hatschi! Jetzt siehst du den Sonnenstrahl ganz deutlich vor dir. Er spricht zu dir: Hallo, ich habe dich absichtlich geweckt. Ich bin ein Sonnenstrahl. Die Sonnenkinder haben mich zu dir geschickt. Sie laden dich ein, mit ihnen zu spielen. Möchtest du mitkommen? Du sagst Ja und brauchst dich nur auf den Sonnenstrahl zu setzen. Schon geht die Reise los: Du rutschst auf dem Strahl wie auf einer Rutschbahn, nur bergauf, immer der Sonne entgegen. Irgendwann endet deine Rutschpartie mitten auf der Sonne. Du wirst von einer Schar Kindern empfangen. Sie haben alle leuchtende, rotgelbe Haare und lange, orangefarbene Kleider an. Sie lachen und tanzen um dich herum: ›Wir sind die Sonnenkinder. Wir haben den ganzen Tag gute Laune. Tanz mit uns unseren Sonnentanz!‹ Sie nehmen dich an den Händen, und ihr beginnt gemeinsam zu tanzen. Ihr dreht euch langsam und dann immer schneller im Kreis. Dir wird ganz leicht zumute: als ob du fliegst oder auf der Kirmes Karussell fährst. Noch eine Runde und noch eine … du weißt nicht, wie lang du mit den Sonnenkindern tanzt und spielst. Ein Sonnenkind sagt schließlich zu dir: ›Es wird Zeit, dass du zur Erde zurückkehrst. Die Sonne geht bald unter. Dann wird es auf der Erde dunkel, und du findest nicht mehr nach Hause zurück.‹ Du verabschiedest dich von deinen neuen Freunden, steigst auf den letzten Sonnenstrahl, der zur Erde scheint, und rutschst wieder hinunter auf deine Wiese. Dort kratzt du dir die Nase, schlägst die Augen auf und gehst mit einem Lächeln nach Hause.«

Reise ins Indianerland

»Heute möchte ich dich zu einer Reise ins Indianerland einladen. Leg dich dazu noch ein bisschen bequemer auf deine Decke. Atme ruhig ein und aus. Und jetzt geht es los: Du siehst in der Ferne ein Wesen durch die Luft auf dich zukommen. Je näher es kommt, desto besser kannst du erkennen, dass es ein fliegendes Pferd ist. Bei dir angekommen, bittet es dich aufzusitzen. Du hältst dich an seiner Mähne fest, und die Reise geht los. Das Pferd schwingt seine kräftigen Flügel auf und ab … auf und ab. Du siehst unsere Stadt unter dir, wie sie immer kleiner wird. Du fliegst weiter in Richtung Westen … Bald siehst du unter dir nur noch Bäume und Felder. Du hast den

Unterwegs in einer fremden Welt

PRAXIS
Der Ballonflug

Vorlesetext zur Reise ins Indianerland

großen Ozean erreicht und überquerst ihn mühelos auf deinem starken Pferd. Nach langer Zeit erreichst du endlich Amerika, das Indianerland. Dein Pferd landet sanft in einem Indianerdorf. Du steigst ab, bedankst dich bei dem Pferd und schaust dir alles ganz genau an. Kinder spielen vor dem Zeltdorf. Sie laden dich ein, mit ihnen zu spielen. Sie geben dir etwas zum Anziehen – genau die gleichen Sachen, die sie selbst auch tragen. Jetzt siehst du aus wie ein Indianerkind. Ein wunderschöner Nachmittag beginnt. Vielleicht tanzt ihr um ein Lagerfeuer. Oder ihr spielt Fangen so wie die Kinder hier. Vielleicht reitet ihr auf Ponys um die Wette. Du hast nun eine Weile Zeit, davon zu träumen.«

Rückkehr

Langsam in die Gegenwart zurückkehren

»Es wird nun Zeit zurückzukehren. Verabschiede dich von deinen Indianerfreunden. Ruf in Gedanken dein fliegendes Pferd. Fliege über das Dorf, die Prärie … über die Wälder, das große Meer … bis in deine Stadt – zurück zu deiner Ruheinsel.«

Der Ballonflug

»Stell dir vor, du bist auf einer Kirmes. Du schaust dir die vielen Karussells und Buden an. Aus jeder Ecke hörst du eine andere Musik. Die Leute unterhalten sich miteinander. Die Kinder lachen. Du riechst die Zuckerwatte und den Duft von gebrannten Mandeln – mmhh! An der Ecke bei der kleinen Losbude entdeckst du einen Zauberer mit einem wunderschönen Strauß bunter Luftballons. So einen schönen Ballon möchtest du auch haben! Lange bewunderst du die leuchtenden Ballons mit ihren farbenprächtigen Mustern. An ihren langen Schnüren schweben sie ganz weit oben, fast schon im Himmel. Du kommst näher und blickst dem Zauberer direkt in seine freundlichen Augen. Er fragt

Vorlesetext zum Ballonflug

PRAXIS

Entspannendes Finale: Übungen zum Ausruhen

Schwerelos fliegen – und alle Sorgen hinter sich lassen

dich: ›Möchtest du einen Ballon? Nimm diesen ganz großen mit den bunten Regenbogenfarben. Das ist ein Zauberballon.‹ Und er schenkt dir den schönsten und größten Ballon. Er gibt dir die lange Ballonschnur in die Hand und sagt noch: ›Halt dich gut mit beiden Händen an deinem Zauberballon fest!‹ Überglücklich gehst du einige Schritte mit deinem Regenbogenballon. Dabei merkst du, dass deine Schritte immer leichter werden. Du spürst dein eigenes Gewicht kaum noch. Du tippst ja nur noch mit den Fußspitzen auf den Boden! Jetzt berührst du die Erde gar nicht mehr, sondern du schwebst ganz sachte ... du schwebst vom Kirmesplatz weg.

Jetzt fliegst du über einem Weg dahin, der zu einer freien Wiese führt. Du fasst deine Ballonschnur ein wenig fester, und schon fliegst du höher und höher, über die Wiese ... über Bäume. Das ist wunderschön! Du genießt das Schweben und lässt dich vom Luftstrom treiben ... du fliegst mit dem Wind ... Träume eine Weile davon, wie du mit deinem Zauberballon schwebst. Und wenn du wieder auf die Erde hinuntermöchtest, so brauchst du nur mit deinen Händen etwas an der Ballonschnur zu ziehen. Irgendwann landest du dann sanft auf einer Wiese. Schau dich um! Wo bist du gelandet?«

Zu Besuch bei den Wasserkindern

»Stell dir vor, du liegst auf einer Wiese. Der Boden ist durch die Sonne angenehm aufgewärmt, und du genießt es, im Gras zu liegen und einfach gar nichts zu tun. Du atmest den Wiesenduft ein, du hörst deine Freunde, die Vögel, singen. Und du beschließt, hier bis zum Abendessen liegen zu bleiben und die Wolkenbilder im Himmel zu betrachten ... Plötzlich hörst du ein Geräusch. Du hörst ganz in der Ferne Kinderlachen. Mal lauter, mal leiser. Du wunderst dich ein bisschen, denn hier auf der Waldwiese kommt sonst nie jemand vorbei. Neugierig stehst du auf und folgst den Geräuschen. Sie kommen von da, wo der Waldsee ist. Nun kannst du außer den vergnügten Kinderstimmen auch noch Wasserplätschern hören. Nur noch ein paar Schritte, du schiebst einen Zweig zur Seite – und du traust deinen Augen nicht: Im Wasser tollen einige kleine Kinder mit grünen Haaren und grüner Haut. Sie spritzen sich gegenseitig voll Wasser und juchzen fröhlich über ihre Späße. Sprachlos beobachtest du das lustige Treiben. Plötzlich knackt ein Zweig unter deinen Füßen. Die grünen Kinder schauen erschrocken zu dir hin. Du kommst aus deinem Versteck

Vorlesetext zum Besuch bei den Wasserkindern

PRAXIS
Entspannung mit Mandalas

heraus und sagt: ›Ihr braucht keine Angst vor mir zu haben. Ich tu euch nichts. Ich bin selbst ein Kind und möchte so gern mit euch im Wasser spielen.‹ Die grünen Wasserkinder sind ganz still. Ein größeres Wassermädchen kommt auf dich zu und blickt dich prüfend an. Nach einer Weile sagt es: ›Okay, ich glaube dir. Du darfst mitspielen. Aber nur, wenn du uns nicht an die Erwachsenen verrätst. Wir haben Angst, dass die uns auslachen. Deshalb möchten wir lieber unentdeckt bleiben.‹ Du bist einverstanden und ziehst deine Sachen aus. Dann springst du in das Wasser. Du tollst und schwimmst und spritzt im Wasser herum wie ein kleines Wasserkind. Ein glatter Fels ist eure Wasserrutsche. Immer wieder klettert ihr hinauf und hui! saust ihr ins spritzende Wasser. Noch lange spielst du so, bis du müde wirst. Dann verabschiedest du dich von deinen neuen Freunden und kehrst zu deiner Wiese zurück. Du weißt, dass du jederzeit willkommen bist, solange du nur das Geheimnis der Wasserkinder für dich bewahrst.«

Das Abenteuer bildhaft beschreiben

Der Brief

Die folgende Traumreise lässt Ihrem Kind besonders viel Freiraum, seine eigenen Bilder und Wünsche in die Geschichte hineinzubringen. Es wird dazu angeregt, sich einem anderen Menschen mitzuteilen. Ältere Kinder können während der Traumgeschichte in Gedanken einen Brief schreiben, kleinere Kinder malen ihren Brief.

Das erzählen Sie Ihrem Kind

»Stell dir vor, du wärst ein Brief. Wie sieht dein Papier aus? Welche Farbe hat es? Ist es verziert? Mit einem Muster oder mit einem Bild? Für wen ist der Brief bestimmt? Wem möchtest du etwas sagen? Was steht in deinem Brief drin? Ein Geheimnis? Eine Geschichte? Ein lieber Gruß? Eine Einladung? Der Brief wird in einen Umschlag gesteckt, und du gehst auf Reisen. Zuerst in den Postkasten … du wirst weiter mit der Eisenbahn verschickt … dann fährst du im Postauto … Der Postbote nimmt dich schließlich in die Hand und steckt dich in den Briefkasten. Stell dir vor, wie du als Brief bei der richtigen Person ankommst. Schau, wie sie neugierig den Brief aufmacht. Freut sie sich?«

Vorlesetext zum Brief

Entspannung mit Mandalas

Ein Mandala ist ein Kreisbild, das symmetrisch um einen Mittelpunkt angeordnet ist (siehe auch Kasten Seite 63). Der Blick des

PRAXIS

Entspannendes Finale: Übungen zum Ausruhen

Betrachters wird dabei immer wieder zur Mitte geführt. Seine Aufmerksamkeit bleibt in der Gegenwart. Man konzentriert sich auf seine eigene Mitte. Im Buchhandel werden viele Mandalas angeboten, die Sie farbig gestalten können. Durch das längere Beschäftigen mit einem Kreismuster verstärkt sich die Wirkung eines Mandalas. Kinder lieben das Ausmalen einer Mandalavorlage. Auch viele unruhige Kinder beschäftigen sich gern auf diese Weise mit Farben und Mustern. Mandalas können aber auch selbst entworfen, aus Naturmaterial gelegt oder mit Fensterfarben ausgefüllt werden.

Beruhigendes Spiel mit schönem Resultat

Mandala mit Fensterfarbe

Das brauchen Sie:
Mandalavorlagen (am besten mit einem Durchmesser von etwa 10 Zentimetern. Größere Vorlagen können Sie im Kopierladen entsprechend verkleinern lassen) eine Klarsichthülle
Fensterfarben

Das bereiten Sie vor
▶ Lassen Sie Ihr Kind ein Mandala auswählen. Legen Sie über das Mandala eine Klarsichthülle und ziehen Sie die Umrisse des Mandalas mit schwarzer Konturfensterfarbe nach. Lassen Sie das Bild nun 8 Stunden trocknen.

Konzentration, die Spaß macht

Ihr Kind füllt die gemalte Vorlage aus
Die abgegrenzten Felder kann Ihr Kind dann mit bunten Fensterfarben reichlich ausfüllen. Dabei kann es die Farbe direkt aus den Flaschen auf das Motiv gießen. Das Mandala muss nun 24 Stunden lang trocknen.
Danach können Sie das fertige Mandala einfach wie eine Folie von der Unterlage abziehen und als durchscheinenden Schmuck an eine Fensterscheibe kleben.

Ein Mandala nach eigenem Entwurf

Das brauchen Sie:
Papier
Buntstifte

Lassen Sie Ihrer Fantasie freien Lauf – und der Ihres Kindes!

Entspannung mit Mandalas

So entwerfen Sie ein Mandala

Malen Sie in die Mitte eines Blattes einen Punkt und um diesen herum einen großen Kreis. Nun haben Sie schon ein leeres Mandala. Beginnen Sie um den Mittelpunkt herum ein kreisförmiges Muster zu entwerfen. Ihr Kind malt abwechselnd mit Ihnen weitere bunte Kreismuster, bis das Mandala vollständig gefüllt ist.

Gemeinsam macht's mehr Spaß

Zusammen kreativ sein

Sie können auch mit mehreren Kindern zusammen Mandalas entstehen lassen: Jeder beginnt mit seinem eigenen Leermandala, indem er einen Punkt in die Mitte setzt und einen großen Kreis drum herum zieht. Nun wird um den Mittelpunkt ein kreisförmiges Muster gemalt. Dann gibt jeder sein angefangenes Mandalabild an das neben ihm sitzende Kind weiter. Dieses malt eine weitere Verzierung dazu und gibt das Mandala weiter. So entstehen viele verschiedene Mandalas.

Ein Sandmandala

Das brauchen Sie:
- einfach gestaltete Mandalavorlagen
- drei Tütchen mit unterschiedlich gefärbtem Bastelsand (gekauft oder selbst hergestellt; siehe rechts oben)
- eventuell Holzleim und Pinsel

So stellen Sie gefärbten Sand her

Sie können farbigen Sand im Blumen- oder Bastelladen kaufen – oder selbst herstellen: Mischen Sie dafür Wasser und Wasserfarben (die entstehende Lösung soll nicht mehr durchscheinend sein). Geben Sie dann hellen Spielsand in einen Suppenteller und verrühren Sie ihn mit der Lösung. Rühren Sie alles mehrmals täglich um. Nach 3 Tagen ist der Sand trocken. Füllen Sie ihn gesiebt in kleine Plastiktüten. Knoten Sie die Tüte zu und schneiden Sie vorn eine kleine Spitze ab.

Ganz einfach: Sand in allen Farben

Kinder gestalten Sandmandalas

Ihr Kind wählt sich ein einfaches Mandala aus. Zum Gestalten braucht es zwei bis drei verschiedene Sandfarben. Es führt die Tütchen mit der geöffneten Spitze wie einen dicken Buntstift über die abgegrenzten Felder. Der Sand rieselt auf das Bild.

TIPP!

Ein dauerhaftes Sandmandala

Streichen Sie die Mandalavorlage Stück für Stück mit verdünntem Holzleim ein. Wenn Ihr Kind auf die so vorbereiteten Bereiche farbigen Sand fließen lässt, bleibt dieser haften. So entsteht nach und nach ein dauerhaftes Mandala.

Zum Nachschlagen

Bücher, die weiterhelfen

Garth, M., *Sternenglanz. Phantasiereisen für Kinder bis acht Jahre*; Aurum Verlag

Kabat-Zinn, M. & J., *Mit Kindern wachsen. Die Praxis der Achtsamkeit in der Familie*; Arbor Verlag

Koneberg, L./Förder, G., *Kinesiologie für Kinder*; Gräfe und Unzer Verlag

Kunze, P./Salamander, C., *Die schönsten Rituale für Kinder*; Gräfe und Unzer Verlag

Müller, E., *Träumen auf der Mondschaukel. Autogenes Training mit Märchen und Gute-Nacht-Geschichten*; Kösel Verlag

Schutt, K., *Massagen. Wohltat für Körper und Seele*; Gräfe und Unzer Verlag

Teml, H. u. H.: *Komm mit zum Regenbogen. Phantasiereisen für Kinder und Jugendliche*; Veritas Verlag

Vahle, F., *Hupp Tsching Pau. Das Bewegungsliederbuch;* (dazu gibt es auch eine CD); beides Patmos Verlag

Weitere Bücher zum Thema Kinder (alle Titel aus dem Gräfe und Unzer Verlag)

Dorsch, Prof. Dr. W./Loibl, M., *Hausmittel für Kinder*

Hofmann, Dres. med. D. & U., *Erste Hilfe bei Kindern*

Kunze, P./Salamander, C., *Kinder fördern im Alltag*

Stamer-Brandt, P./Murphy-Witt, M., *Das Erziehungs-ABC: von Angst bis Zorn*

Schmidt, S., *Bach-Blüten für Kinder*

Stellmann, Dr. H. M., *Kinderkrankheiten natürlich behandeln*

Stumpf, W., *Homöopathie für Kinder*

Tempelhof, Dr. S., *Akupressur für Kinder*

Musikempfehlungen

Musik zum Austoben

Fink, M., Schneider, R., *Bewegen und Entspannen nach Musik.* Set mit Buch und CD; Verlag an der Ruhr

Vahle, F., *Hupp Tsching Pau. Bewegungslieder* (CD); dazu: *Hupp Tsching Pau. Das Bewegungsliederbuch*; beides Patmos Verlag

Außerdem geeignet für Bewegungsspiele: *Walzermusik* (z. B. von J. Strauß) oder *moderne dynamische Tanzmusik*

Musik zum Träumen

Buntrock, M., *Meer. Spezielle Entspannungsmusik* (CD); Mentalis Verlag

Carls, L.; Zöbelin, V., *Sandalin. Harmonische Instrumental-Musik zum Träumen für Kinder* (CD); Neptun Verlag

Gibson, D., *Celtic Awakening* (CD); Solitudes Verlag
Weitere Titel der Reihe: *Angels of Sea, Forest Piano* und andere

Stein, A., *Frühlingsmorgen. Sanfte Musik zum Entspannen* (CD); Verlag für therapeutische Medien
Weitere Titel der Reihe: *Sommerabend, Wolkenmeer* und andere

Düfte für Kinder

Die Düfte in der Tabelle unten können Sie ergänzend zu den Stilleübungen einsetzen. Für alle Entspannungsspiele mit Kindern eignen sich diese Düfte gut, da sie leicht und frisch sind. Sie bekommen die ätherischen Öle oder auch Duftmischungen im Bioladen.

Duft	Geruch	Wirkung
Bergamotte	fruchtig	krampflösend
Geranium	süß, blumig	belebend
Kiefer	nach Wald	stärkend, hilft bei Atemwegserkrankungen
Lavendel	frisch, blumig	entspannend, hilft bei Erkrankungen der Bronchien
Orange	fruchtig	entspannend, schlaffördernd, wirkt gegen Nervosität
Rosmarin	krautig	belebend
Salbei	krautig	nervenstärkend, hilft bei Schwächezuständen
Zypresse	nach Wald	fördert das nervliche Gleichgewicht

Register

A
Acht malen 74 f.
Achter rollen 73 f.
altersgerechte Übungen 12
Ampelspiele 71
Anfangsritual 27 f.
Angst 40 f.
Atem fühlen 56
Atemspiele 24, 33
Atmung 23, 31 ff.
- bei Stress 23, 24
Auf dem Bauernhof
 (Traumreise) 67

B
Balanceakt 72
Ballmassage 76 f.
Ballonflug 89 f.
Bauernhof
 (Übungsset) 66 f.
Baum (Übungsset) 61 ff.
Baum, wachsen
 wie ein 61 f.
Baumstamm zersägen 35 f.
Besuch bei den Wasserkin-
 dern (Traumreise) 90 f.
Besuch im Zoo
 (Massage) 78
Bewegungsübungen 13,
 71 ff.
Bilder sehen 40
Blätter fühlen 63
Blätter wiedererkennen 63
Blättertanz 55
Blattmandala 63
Blattmemory 62 f.
Brief (Traumreise) 91

D
Dinge ertasten und
 malen 86

E
Einzelübungen 16 f.
Elemente einer Stille-
 übung 13 ff.
Entspannungs-
 übungen 13 f., 76 ff.
Erde, Sand und Steine 46 f.
Erde (Übungsset) 55 ff.
Erdkontakt spüren 45

F
Fächerspiel 36
Fersensitz 22 f.
Feuer (Übungsset) 51 ff.
Feuerspiele 53 f.
Feuertanz 54
Flamme wahrnehmen 53
frei werden 27, 29
Fußfühlstraße 82 f.

G
Geräuschmemory 86
Geschwister 25 f.
Gewittermassage 59
Glasmusik 37
Goldstaub abklopfen 75
Große Yoga-Uhr 73

H
Haltung 20 ff.
Haltung finden 31 f.
Holz hacken 35 f.
Hund säubern 64 f.
Hund (Übungsset) 64 f.
Hundespaziergang 64
Hundetraum
 (Traumreise) 65
hyperaktive Kinder 12 f.

I
Indianerland, Reise ins
 (Traumreise) 88 f.
Inneres Feuer spüren 52
Ins Heu kuscheln 66 f.

K
Kastanien, Spiele
 mit 85 f.
Kerze pusten 53
Kindergruppe 25 f.
Kinesiologie 73 f.
Kleidung 26
Kneteball 46
Kugel rollen 73 f.
Kurzentstressung
 (für die Eltern) 27
Kuscheln 50

L
Lagerfeuer, Tag am
 (Traumreise) 54
Liegen 21
Luft (Übungsset) 55 ff.

M
Malen 50, 86
Mandalas 91 ff.
Massagen 34 f., 59, 64 f.,
 75, 76 ff.
Material 26
Mit Zauberseife
 waschen 43 f.
Murmelspiele 80 f.
Musik 26
Muskeln bewusst ent-
 spannen 29 ff.

N
Neugier 27 f.

P
Plätzchen backen
 (Massage) 77 f.

R
Reaktionen 40 f.
Regeln vereinbaren 27
Regenbogenland, Traum-
 reise ins 60
Reise auf die Traum-
 insel 37 ff.
Reitersitz 22
Ruheplatz 26
Ruheübungen 15, 87

S
Sandmandala 93
Schneidersitz 22
Schnüffelmemory 65
Seifenblasenflug
 (Traumreise) 57
Seifenblasenspiele 56
Sitzen 21 ff.
Sitzhaltung auf dem
 Stuhl 22 f.
Sonnenstrahl
 (Traumreise) 87 f.
Stabiler Sitz 21 f.
Stressreaktionen 9 f.

T
Tiere raten 67
Tipps zur Durchfüh-
 rung von Stille-
 übungen 41
Trauminsel,
 Reise auf die 37 ff.

Traumreise ins Regen-
 bogenland 60
Traumreisen 37 ff., 47, 57,
 65, 67, 87 ff.
Tücherspiele 72

U
Übungen für
 Einsteiger 19 ff.
Übungsschritte 16 f.
Übungssets 16 f., 43 ff.
 - Aufbau 44
 - komplette 43 ff.
 - selbst zusammen-
 stellen 69 ff.
Unter den Blättern 62

V
verhaltensauffällige
 Kinder 12 f.
Vorbereitung 25 ff.
Vulkanausbruch 52

W
Wachsen wie ein Baum 61 f.
Wahrnehmungs-
 übungen 14 f., 80
Waschtag 48 f.
Wasser balancieren 50
Wasser (Übungsset) 48 ff.
Wasser und Eis 49 f.
Wasserfall 49
Wetter spielen 58
Wetter fühlen 59 f.
Wetter (Übungsset) 58 ff.
Wie Tiere laufen 66
Widerstand 41
Wirbelsäule kennen
 lernen 32
Wirkung der Stille-
 übungen 9 f.
Wolke einatmen 78 f.

Y
Yoga 35 ff.
Yoga-Uhr 73

Z
Zauberseife 34 f.
Zauberstein 47
Zeitungsspiele 81
Zirkusspiele 83 ff.
Zubehör 26

Dank

Wir danken allen Kindern, die für unsere Fotoaufnahmen mit viel Freude Modell gestanden haben, sowie der Firma »Konfetti Kindermoden« (Wörgl/Österreich) für kostenlose Leihgaben zum Styling einiger Fotos.

Wichtiger Hinweis

Die Inhalte dieses Buches wurden äußerst sorgfältig recherchiert und geprüft. Dennoch können nur Sie selbst entscheiden, ob die hier geäußerten Vorschläge und Ansichten auf Ihre eigene Lebenssituation übertragbar und für Sie persönlich passend und hilfreich sind. Weder die Autorin noch der Verlag können für eventuelle Nachteile oder Schäden, die aus den im Buch gegebenen praktischen Hinweisen resultieren, eine Haftung übernehmen.

Impressum

© 2001 Gräfe und Unzer Verlag GmbH, München
Alle Rechte vorbehalten. Nachdruck, auch auszugsweise, sowie Verbreitung durch Bild, Funk, Fernsehen und Internet, durch fotomechanische Wiedergabe, Tonträger und Datenverarbeitungssysteme jeder Art nur mit schriftlicher Genehmigung des Verlages.

Redaktion: Reinhard Brendli
Lektorat: Ina Raki

Fotoproduktion: Anna Peisl (Styling: Astrid Hartmann)
Weitere Fotos und Illustrationen:
Bavaria: S. 55; IFA: S. 47/rechts (Lahall), 61 (Rose), 64, 66 (Reinhard); Mauritius: S. 33 (Kupka), 45 (Fichtl), 51, 58 (Mallaun), 78 (Rosenfeld); Reiner Schmitz: S. 67; The Stock Market: S. 48 (Craig Tuttle); Tony Stone (Victoria Blackie) Umschlagvorderseite, S. 1; Alexander Walter: S. 89; Ernst Wrba: S. 38, Monika Zimmermann: S. 39, 63, 92

Umschlaggestaltung: independent Medien-Design
Innenlayout: Heinz Kraxenberger
Herstellung: Petra Roth
Satz: Verlagssatz Lingner, Warngau
Lithos: Repro Ludwig
Druck: Appl, Wemding
Bindung: Sellier, Freising

ISBN 3-7742-5392-7

Auflage 5. 4. 3.
Jahr   05 04 03

Umwelthinweis
Dieses Buch wurde auf chlorfrei gebleichtem Papier gedruckt. Um Rohstoffe zu sparen, haben wir auf Folienverpackung verzichtet.

Das Original mit Garantie

IHRE MEINUNG IST UNS WICHTIG.
Deshalb möchten wir Ihre Kritik, gerne aber auch Ihr Lob erfahren. Um als führender Ratgeberverlag für Sie noch besser zu werden. Darum: Schreiben Sie uns! Wir freuen uns auf Ihre Post und wünschen Ihnen viel Spaß mit Ihrem GU-Ratgeber.

UNSERE GARANTIE:
Sollte ein GU-Ratgeber einmal einen Fehler enthalten, schicken Sie uns das Buch mit einem kleinen Hinweis und der Quittung innerhalb von sechs Monaten nach dem Kauf zurück. Wir tauschen Ihnen den GU-Ratgeber gegen einen anderen zum gleichen oder ähnlichen Thema um.

Ihr Gräfe und Unzer Verlag
Redaktion Gesundheit
Postfach 86 03 25
81630 München
Fax: 089/41981-113
e-mail:
leserservice@graefe-und-unzer.de